第一辑

竞技数独

变型数独题集

宋志强　陆菁菁　编著

知识产权出版社
全国百佳图书出版单位
—北京—

图书在版编目（CIP）数据

竞技数独. 变型数独题集 第一辑 / 宋志强 陆菁菁 编著.—北京 ：知识产权出版社，2022.9

ISBN 978-7-5130-8276-1

Ⅰ. ①竞… Ⅱ. ①宋… ②陆… Ⅲ. ①数学课—中小学—教学参考资料 Ⅳ. ①G634.603

中国版本图书馆CIP数据核字(2022)第143847号

内容提要

数独是一款18世纪起源于瑞士的数字益智游戏，因其逻辑性较强，能有效锻炼爱好者的推理能力和专注力而被誉为一种有益身心的智力活动。

本书总结了全国各类中小学生数独比赛中的常见题型，并进行深入研究和探索后，设置了五种适合中小学生的数独题型:六宫连续数独、六宫箭头数独、六宫无缘数独、七宫不规则数独和九宫对角线数独，共250道题。本书对每种变型数独都进行了详细的技巧讲解，并配备了有针对性的练习题和答案，以方便爱好者更好地学习和掌握各类题型的解题方法。

责任编辑：李小娟 **责任印制**：刘译文

竞技数独——变型数独题集（第一辑）

JINGJI SHUDU——BIANXING SHUDU TIJI (DIYIJI)

宋志强 陆菁菁 编著

出版发行：知识产权出版社有限责任公司 **网 址**：http ：//www.ipph.cn

http ：//www.laichushu.com

电 话：010-82004826

社 址：北京市海淀区气象路 50 号院 **邮 编**：100081

责编电话：010-82000860 转 8531 **责编邮箱**：lixiaojuan@cnipr.com

发行电话：010-82000860 转 8101 **发行传真**：010-82000893

印 刷：三河市国英印务有限公司 **经 销**：新华书店、各大网上书店及相关专业书店

开 本：720mm × 1000mm 1/16 **印 张**：9.5

版 次：2022 年 9 月第 1 版 **印 次**：2022 年 9 月第 1 次印刷

字 数：137 千字 **定 价**：39.00 元

ISBN 978-7-5130-8276-1

序 言

我有幸拜读了宋志强老师和陆菁菁老师编著的《竞技数独——变型数独题集（第一辑）》一书，不由得眼前一亮。在数独走向竞技化的今天，变型数独在各类数独比赛中都占有极大比重，于是对变型数独教材和题集的需求也随之上升，在茫茫书海中，大家是否既想寻找一本思路清晰、简洁实用的技巧教材，又想寻找一本切合实战、题题精华的习题集？这本书非常完美地结合了这两个特点。对于比赛中常见的几种变型题型，本书从六宫出发，由浅入深，介绍了非常简洁实用的技巧。这些技巧都来自竞技高手历年赛事中实战经验的总结；而第二章随之而来的练习题，其卡点设计，有的紧扣赛事常见套路，有的独辟蹊径，精妙绝伦。

作为本书作者之一的陆菁菁老师，有多年数独推广普及经验，这些年一直致力于让数独流行起来。而另一位作者宋志强老师，本身就是国内知名的数独竞技高手，多次在比赛中取得优异的成绩；同时，宋志强老师拥有多年的数独教学经验，所带的学生在各类重量级赛事中取得荣誉。正是有他们的无私分享，才有了这本汇集实用技巧、精彩习题于一身的"宝典"。在此，我将本书推荐给大家，如果你能静下心来读，静下心来练习，体会每道题目中隐藏的卡点，我相信，你一定会和我一样有很大的收获！

探长

2022年8月8日

（探长：数独资深技巧出题高手、多次参与中国数独锦标赛和宁波市数独比赛出题和验题工作）

目 录 / CONTENTS

第一章

数独介绍及其
技巧讲解

一、数独介绍

（一）标准数独的规则

将数字1~9填入空格内，使其每行、每列及每宫内数字不重复。

（二）标准数独的组成部分

行：由一组横向格子组成的区域，用大写字母区分它们的位置，即A~I行。

列：由一组纵向格子组成的区域，用阿拉伯数字区分它们的位置，即1~9列。

宫：由一组被粗线划分的3 × 3格组成的正方形区域，用中文汉字区分它们的位置，即一宫到九宫。

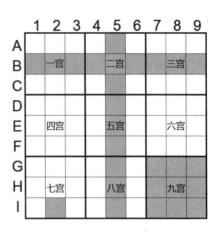

图1-1 数独元素

格：格的坐标是根据行列确定，如图1-1中，第一行第一列对应的是A1格。

一道完整的数独题目由两部分组成，一是数独题（图1-2）；二是数独题答案（图1-3）。

	1	2	3	4	5	6	7	8	9
A	2						8		
B	4			6	9	2			
C							5		
D		8		9		5		6	
E		9	5				7	3	
F		4		7		1		8	
G			9						
H				5	8	3			7
I			6						4

图1-2 数独题

	1	2	3	4	5	6	7	8	9
A	2	6	3	1	5	7	8	4	9
B	4	5	8	6	9	2	1	7	3
C	9	1	7	3	4	8	5	2	6
D	7	8	1	9	3	5	4	6	2
E	6	9	5	8	2	4	7	3	1
F	3	4	2	7	6	1	9	8	5
G	5	3	9	4	7	6	2	1	8
H	1	2	4	5	8	3	6	9	7
I	8	7	6	2	1	9	3	5	4

图1-3 数独题答案

（三）标准数独题的基础技巧

在学习变型数独解题方法之前，让我们先了解常见于标准数独题目中的两种基础解法，这两种解法在本书中的变型数独题目中同样适用。

1.排除法

观察图1-4，思考根据规则有没有可以直接确定填入的数字？

数独规则是每宫填入数字1~9且不重复，因此我们观察图1-5中五宫数字2的填入位置，只有F5格可以填入，故F5=2。这种使用数字进行排除的方法称排除法。

2.唯余法

观察图1-6时发现E5格无法填入数字1、7、4、5、8、9、3、2，因此E5格只填入剩余数字6，故E5=6（图1-6），这种对格进行数余的方法，称唯余法。

二、常见数独题型及其解题技巧

（一）六宫连续数独

1.规则

将数字1~6填入空格内，使每行、每列及每宫内数字均不重复，相邻两格间标注粗线的表示两格内数字之差为1，相邻两格间没有粗线的则表示两

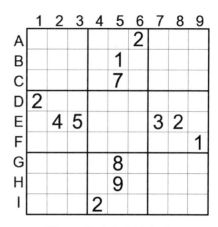

图1-4 排除法示例（1）

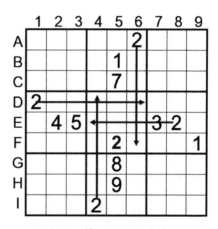

图1-5 排除法示例（2）

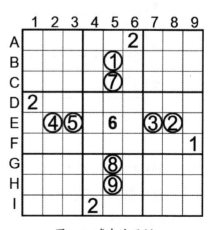

图1-6 唯余法示例

格内数字之差一定不为1，例题及例题答案见图1-7和图1-8。

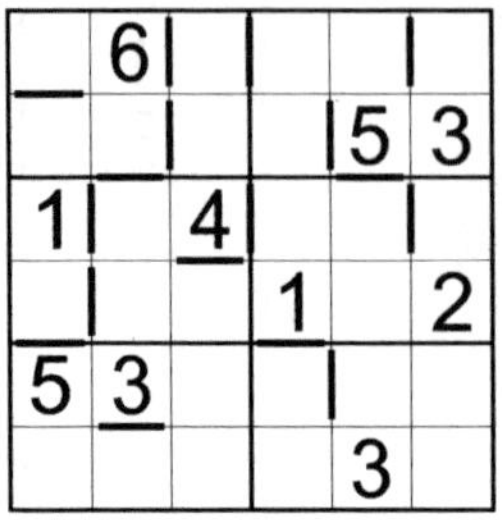

图1-7　六宫连续数独例题 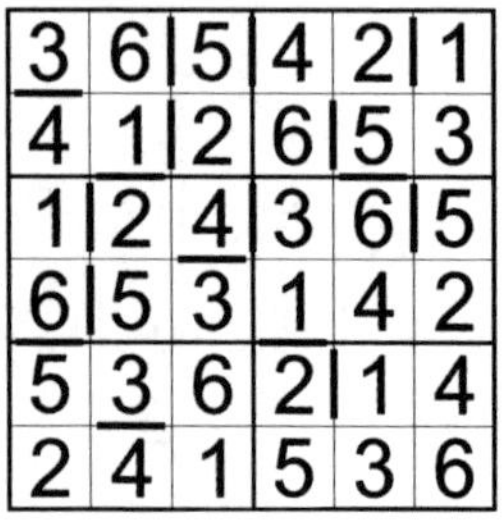　　　　图1-8　六宫连续数独例题答案

2.技巧讲解

技巧1：观察带有数字的连续粗线。观察图1-9，因粗线两格数字连续，数字1的连续数只有2，所以数字1的粗线旁边一定是数字2，故E1=2；同理观察B6格，数字6的粗线旁边一定是数字5，故B6=5。接着我们再观察D3格，可以推理数字3的连续数是2或者4，三宫内已有数独2，故D3=4。

技巧2：不连续的应用。观察图1-10，思考三宫、五宫剩下的数字5和数字6应该怎么填？

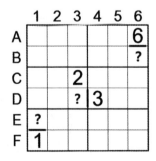

图1-9　六宫连续数独题技巧示例（1） 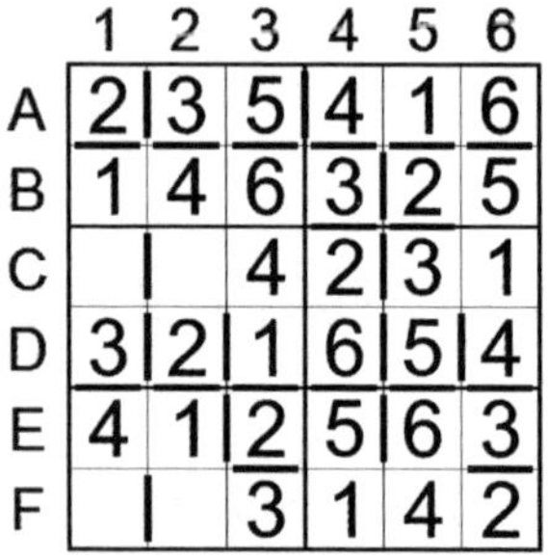　　图1-10　六宫连续数独题技巧示例（2）

三宫C3=4，C2格和C3格之间没有粗线，故C2格和C3格不存在连续关系，也就是说C2格不能填入数字5，故C2=6，继而可以解出来剩下的空格，如图1-11所示。

技巧3：分段连续与长连续。观察图1-12，思考问号处应该怎么填。

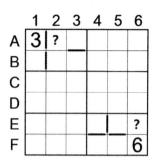

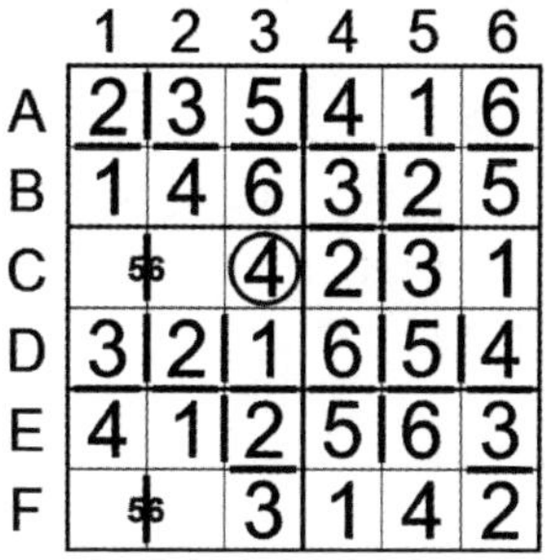

图1-11 六宫连续数独题技巧示例（3）　图1-12 六宫连续数独题技巧示例（4）

一宫有三条连续粗线，如果把1、2、3、4、5、6这6个数字分成三组且两两连续，那么必然是1、2一组，3、4一组，5、6一组。因此，A1格的数字3必须跟数字4构成一组，所以A2=4，这就是分段连续。

六宫有四个连在一起的数字，我们称之为四连，四连的可能性有1、2、3、4，2、3、4、5，3、4、5、6这三种情况。我们可以进一步思考，如果四连的是1、2、3、4，那么剩下的数字是5、6；如果四连的是2、3、4、5，那么剩下的数字是1、6；如果四连的是3、4、5、6，那么剩下的数字是1、2。其中，1、2和5、6都属于连续的组合。在本题中，E6格和F6格不能存在连续关系，因此E6格和F6格只能填入1、6，故E6=1，这就是长连续的运用。

技巧4：奇偶性。观察图1-13，思考问号处应该怎么填。

连续粗线两边的数字必须是一个奇数和一个偶数。观察一宫，A2格和A3格是连续的，B2格和B3格是连续的且都是一奇一偶，因此B1格应填入奇数，又因为A1格和B1格不具有连续性，所以B1=1。

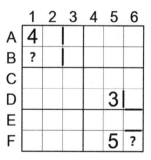

图1-13 六宫连续数独题
技巧示例（5）

奇偶性具有传递的性质，如四宫和六宫D5格的数字3是奇数，D6格和

D5格连续，因此D6格是偶数，可以推出E6格是奇数，F6格是偶数，偶数有2、4、6，F6格跟F5格不连续，因此F6=2，如图1-14所示。

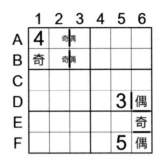

图1-14　六宫连续数独题技巧示例（6）

（二）六宫箭头数独

1.规则

将数字1~6填入空格内，使每行、每列及每宫内数字均不重复，箭头圆圈数字等于箭头线上数字相加之和，线上数字可重复，例题及例题答案如图1-15和图1-16所示。

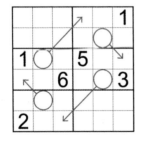

图1-15　六宫箭头数独例题 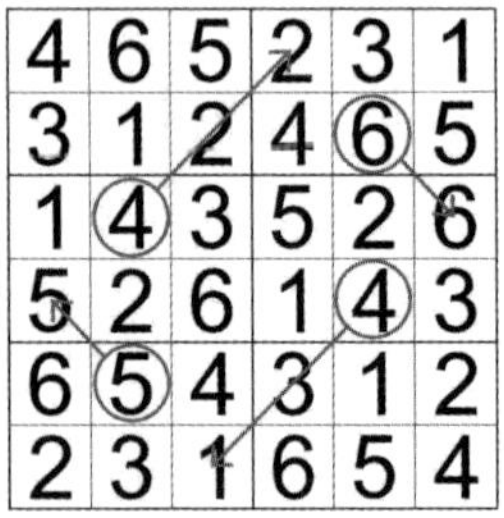　　　　　图1-16　六宫箭头数独例题答案

2.技巧讲解

技巧1：观察大数字和小数字。观察图1-17，找出三宫数字1的位置和一宫数字6的位置。因为圆圈的数字等于线上数字相加之和，故圆圈内数字通常比线上数字大。那么大多情况下，较大数字就无法填在线上；同理，较小的数字很少填在圆圈内，如6是最大的数字，1是最小的数字，那

么除单格箭头外，圆圈内不能填数字1，箭头线上不能填数字6。故结合排除法可以得到，一宫的数字6在B1格，同理三宫的数字1在D3格，如图1-18所示。

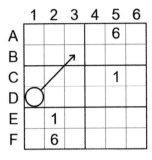

图1-17 六宫箭头数独技巧
讲解示例（1）

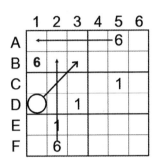

图1-18 六宫箭头数独技巧
讲解示例（2）

技巧2：箭头情况的分析。观察图1-19，分析箭头上可能填入的数字。

图1-19中出现了两个箭头，首先分析三宫箭头，箭头圆圈部分是数字6，对数字6进行拆分有三种组合可能性，分别是6=1+5=2+4=3+3。由于D3=1，所以这条箭头线上无法填入数字1，排除数字1、5，同理由于C3=2排除数字2、4。故得出C2=3，B3=3。

六宫的箭头中，题中E5=4，且圆圈内最大填数字6，故这条箭头只有1+4=5或者2+4=6这两种可能。由于D3=1，因此D6格不能填入数字1，所以排除1+4=5的可能，故D6=2，F4=6，如图1-20所示。

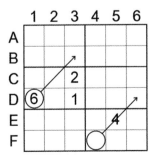

图1-19 六宫箭头数独技巧
讲解示例（3）

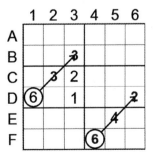

图1-20 六宫箭头数独技巧
讲解示例（4）

技巧3：箭头的极值。观察图1-21，分析题目中出现的箭头的可能性，并确定所填数字。

解答本题之前，我们先回顾三个基本概念：

（1）圆圈部分最大填6（单格箭头除外）；

（2）箭头部分最小填1（单格箭头除外）；

（3）行列宫不重复。

根据概念2我们知道，E2格、D3格、C4格这三格填数的最小可能性是1。结合概念2和概念3，我们可以得出B5格和A6格不能同时填入数字1，所以这两格最小的可能性是1+2，那么这条箭头线上的最小的总和是1+1+1+（1+2）=6。结合概念1，圆圈最大填入数字6。故F1格只能填入数字6，由此也可以推出E2格、D3格和C4格均为数字1，B5格和A6格是1、2数对，如图1-22所示。

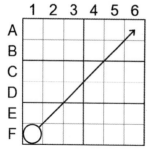

图1-21 六宫箭头数独技巧
讲解示例（5）

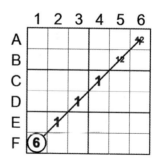

图1-22 六宫箭头数独技巧
讲解示例（6）

观察一下图1-23，分析箭头上可能填入的数字。

观察此题，从一宫箭头分析可知，圆圈内可以填入数字4及数字4以上的数，无法得出应填入的数字。通过观察发现，这两个箭头都在三宫有两个数，因为同宫数字无法重复，因此可以将C1、D1、D2、D3四格内的数字一起计算，四格内的数字最小和为1+2+3+4=10，再结合B2格和C4格最小填入数字1，因此题中两个箭头所指格内的数字相加最小和为1+2+3+4+1+1=12。由于两个圆圈最大填入数字6，6+6=12，因此得出题中双箭头所指格内的数字相加最小和为12，最大和也为12。故得出A3=6，B4=6，如图1-24所示。

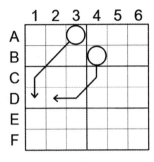

图1-23　六宫箭头数独技巧讲解示例（7）

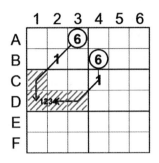

图1-24　六宫箭头数独技巧讲解示例（8）

（三）六宫无缘数独

1.规则

将数字1~6填入空格内，使每行、每列及每宫内数字均不重复，对角相邻的格内不能出现相同的数字，例题及例题答案如图1-25和图1-26所示。

	5			6	
2					5
		5			
			6		
5					2
	1			4	

图1-25　六宫无缘数独例题

1	5	3	2	6	4
2	4	6	1	3	5
6	3	5	4	2	1
4	2	1	6	5	3
5	6	4	3	1	2
3	1	2	5	4	6

图1-26　六宫无缘数独例题答案

2.技巧讲解

技巧1：对角排除。观察图1-27，通过四宫中已知的数字3，运用排除法，得出二宫数字3的填入位置。

图1-27中，C5格的数字3对二宫进行排除，可以排除A5格和B5格填数字3，又因为无缘规则，B4格与C5格属于对角相邻，因此B4格不能填数字3；同理，B6格与C5格对角相邻，也不能填入数字3，故得到二宫A6=3，如

图1-28所示。

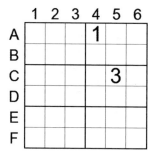

图1-27 六宫无缘数独技巧
讲解示例（1）

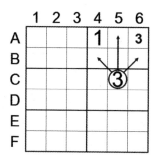

图1-28 六宫无缘数独技巧
讲解示例（2）

技巧2：对角唯余。观察图1-29，思考圆圈（B3格）内应该填入什么数字。

图1-29中，通过唯余法我们发现圆圈内（B3格）没法填入数字1、2、3。又根据规则的对角相邻格不能相同，我们可以知道A4格与B3格形成对角关系，因此B3格不能填入数字4；同理，C4格与B3格是对角关系，B3格不能填入数字5，因此B3格只剩下一种可能性了，即B3=6，如图1-30所示。

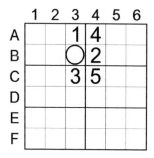

图1-29 六宫无缘数独技巧
讲解示例（3）

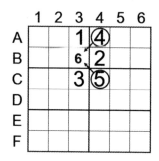

图1-30 六宫无缘数独技巧
讲解示例（4）

技巧3：特殊区块。观察图1-31，利用排除法，思考数字3该填入哪一格内。

图1-31利用排除法，一宫的数字3只能在B2格或者B3格，因为B2格可以排除C2格和C3格，且B3格也可以排除C2格和C3格，故C2格和C3格不能填

入数字3，即D3=3，如图1-32所示。

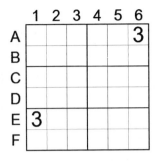

图1-31 六宫无缘数独技巧
讲解示例（5）

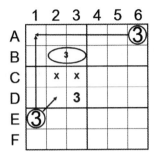

图1-32 六宫无缘数独技巧
讲解示例（6）

（四）七宫不规则数独

1.规则

将数字1~7填入空格内，使每行、每列及每个不规则粗线宫内数字均不重复，例题及例题答案如图1-33和图1-34所示。

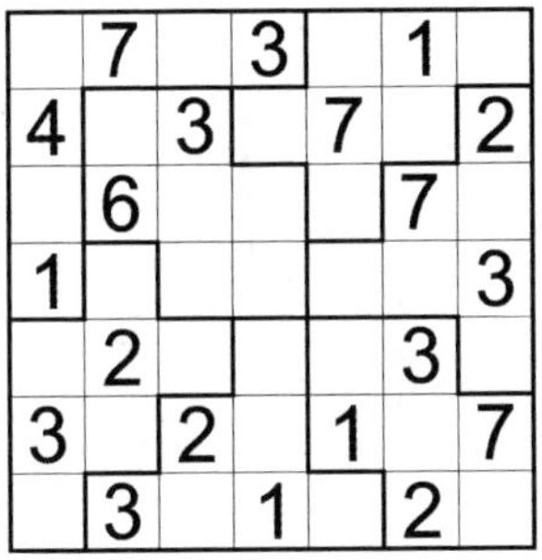

		7		3		1
4		3		7		2
	6				7	
1						3
	2			3		
3		2		1		7
	3		1		2	

图1-33 七宫不规则数独例题

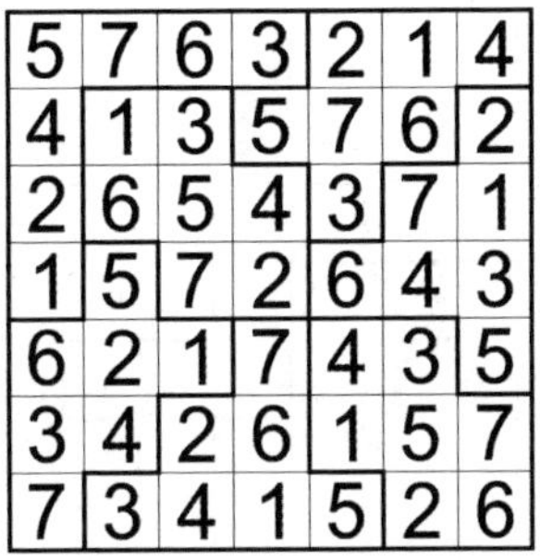

5	7	6	3	2	1	4
4	1	3	5	7	6	2
2	6	5	4	3	7	1
1	5	7	2	6	4	3
6	2	1	7	4	3	5
3	4	2	6	1	5	7
7	3	4	1	5	2	6

图1-34 七宫不规则数独例题答案

2.技巧讲解

技巧1：标准区块。观察图1-35，思考数字1该填入哪一格内。

图1-35两个数字1向左排除，得到C1格和C2格的数字1的区块（即C1格和C2格中必有一个数字1），因此右边宫内的C5格、C6格和C7格不能填数字1，故D6=1，如图1-36所示。

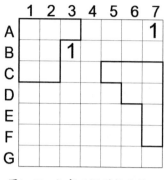

图1-35 七宫不规则数独技巧
讲解示例（1）

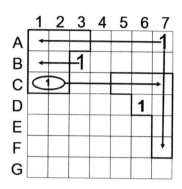

图1-36 七宫不规则数独技巧
讲解示例（2）

技巧2：特殊区块。观察图1-37，思考数字1该填入哪一格内。

图1-37两个数字1向左排除，左边宫内只有A3格和C1格可以填数字1，无论哪格填数字1总是能排除C3格的数字1，故中间宫内只有F5格可以填入数字1，故F5=1，如图1-38所示。

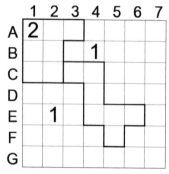

图1-37 七宫不规则数独技巧
讲解示例（3）

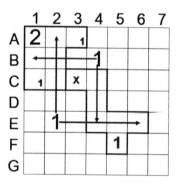

图1-38 七宫不规则数独技巧
讲解示例（4）

技巧3：互补法。利用不规则的特殊宫进行全局判断某几格位置关系的技巧，称为互补法，如图1-39所示。

在做题时，先用一条线分隔开上面三个宫，对上面三个宫进行研究，如图1-40所示。

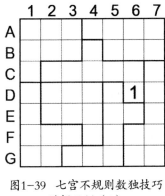

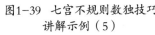

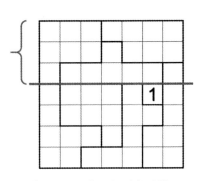

图1-39 七宫不规则数独技巧讲解示例（5）

图1-40 七宫不规则数独技巧讲解示例（6）

因每个行、列、宫都需要填入数字1~7且不重复，那么前三行，也就是3组1~7，两个宫也就是2组1~7，故将上面的三行减去左上角+右上角的宫，剩下的部分是1组1~7，即图1-41箭头部分+C7格应填入数字1~7。

又因为箭头部分+D6是一个宫，即填入数字1~7不重复，故得到问号处数字跟D6格数字相等，即C7=D6=1，如图1-42所示。

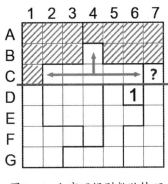

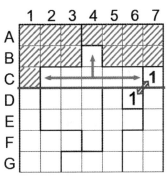

图1-41 七宫不规则数独技巧讲解示例（7）

图1-42 七宫不规则数独技巧讲解示例（8）

在解不规则数独时，沿行/列分割线任意“切一刀”（画一条线）产生互补，所有单独未被分割开的宫不参与互补，所有被分开的宫均参与互补。如一个宫被切成两部分，选左边就抛弃右边，选右边就抛弃左边；在选择时尽量选格子少的一边；互补两端的格子数量相等。满足上述条件后两边格子

内的数字是相等的。例如，将图1-43的第4列和第5列分割，你能得到哪些格
子是互补的吗？

如图1-44所示，左边的A4格、G3格和G4格与右边的C5格、C6格、D6
格互补，你答对了吗？

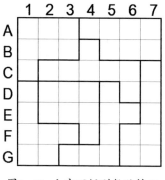

图1-43　七宫不规则数独技巧
讲解示例（9）

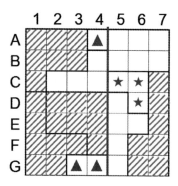

图1-44　七宫不规则数独技巧
讲解示例（10）

图1-44并不是唯一的互补形式，分割后还有另外两组互补形式，如左
边的A4+B4+C2+C3+C4=右边的D5+E5+E6+F5+G5。但是，一般情况下，
三格以上的互补不利于观察出数字，对解题帮助不大，因此尽量使用三格以
内的互补。

（五）对角线数独

1.规则

将数字1~9填入空格内，使每行、每列、每宫及两个对角线内数字均不
重复，例题及例题答案如图1-45和图1-46所示。

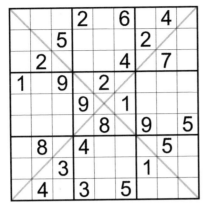

图1-45 对角线数独例题

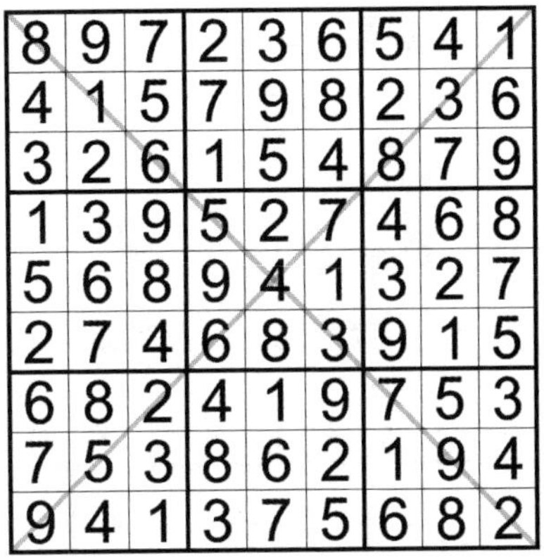

图1-46 对角线数独例题答案

2.技巧讲解

技巧1：对角线上的排除法与唯余法的应用。观察图1-47，利用对角线的规则，再结合标准数独的基础技巧，找出能确定填出的数字。

在图1-47中先来观察数字1，在A1格到I9格的这条对角线上（以下称为"\对角线"）数字1能填的位置只有1个，即E5=1，如图1-48所示。

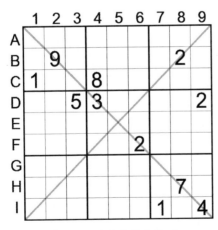

图1-47 对角线数独技巧
讲解示例（1）

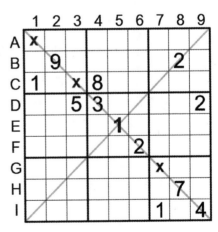

图1-48 对角线数独技巧
讲解示例（2）

再观察数字2，在"\对角线"上，F6=2，对角线数字不重复，因此

G7格不能填数字2，再结合其他数字2的排除，得到九宫数字2的位置，即H7=2，如图1–49所示。

再来观察“\对角线”，这条对角线线上已经有9、3、2、7、4五个数字，因此剩余四个空格只剩下1、5、6、8四种可能；再观察C3格发现该格的可能性只有数字6，因此唯余得到C3=6，如图1–50所示。

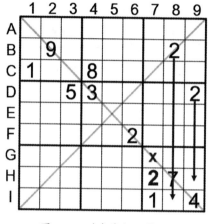

图1–49 对角线数独技巧讲解示例（3）

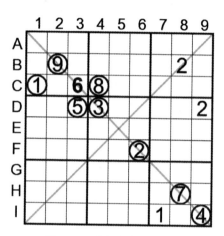

图1–50 对角线数独技巧讲解示例（4）

因此，在做对角线数独题时，除了在行、列、宫运用排除法和唯余法之外，还要观察对角线上排除法和唯余法的使用。

技巧2：对角线区块。观察图1–51，认真思考对角线上数字1的位置，并结合区块思考出它的作用。然后继续观察其他数字有没有能填入的。

图1–51 对角线数独技巧讲解示例（5）

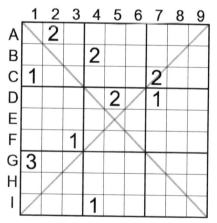

仔细观察“\对角线”上数字1，发现只有E5格或者H8格可以填数字1，不管数字1填在哪格，都能得到I2不能填数字1；再结合排除法，即可得

到G2=1，如图1-52所示。

再来观察数字2，"\对角线"上的数字2的位置只能填在H8格或者I9格，那么不管数字2填在哪一格，都可以排除掉G8格和G9格这两格的数字2，再结合其他数字2对G行的排除，可以得到G6=2，如图1-53所示。

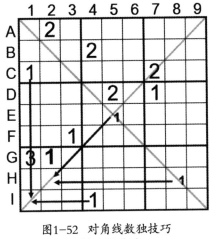

图1-52 对角线数独技巧
讲解示例（6）

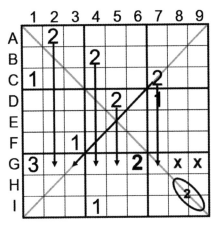

图1-53 对角线数独技巧
讲解示例（7）

第二章

变型数独
练习题

一、六宫连续数独练习题

练习题1

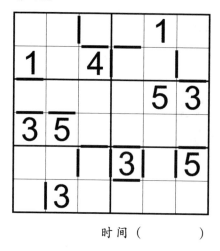

时间（ ）

练习题2

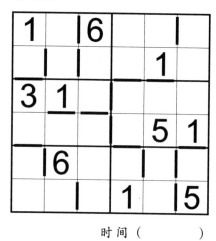

时间（ ）

练习题3

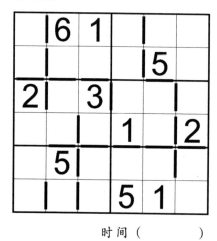

时间（ ）

练习题4

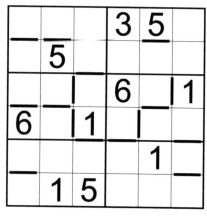

时间（ ）

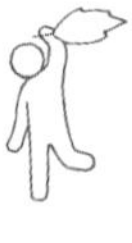

练习题5

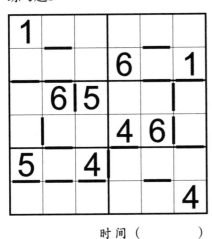

时间（   ）

练习题6

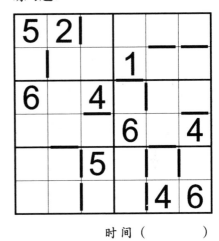

时间（   ）

练习题7

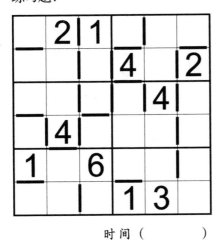

时间（   ）

练习题8

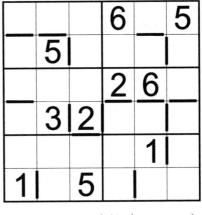

时间（   ）

练习题9

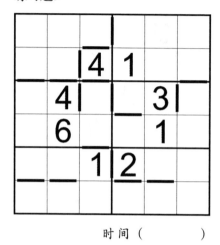

时间（　　　　　）

练习题10

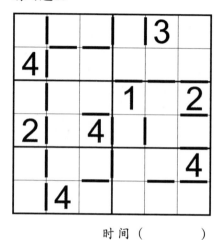

时间（　　　　　）

练习题11

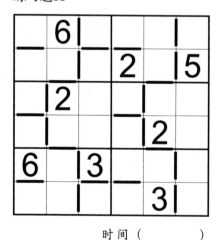

时间（　　　　　）

练习题12

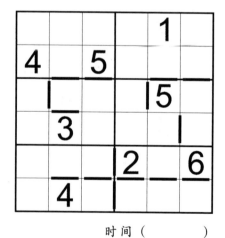

时间（　　　　　）

练习题13

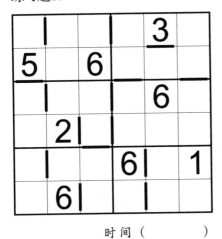

时 间（　　　　　）

练习题14

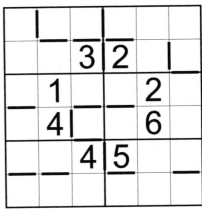

时 间（　　　　　）

练习题15

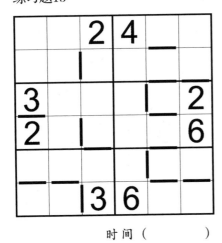

时 间（　　　　　）

练习题16

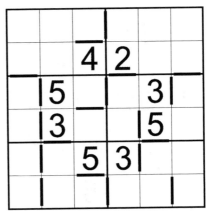

时 间（　　　　　）

练习题17

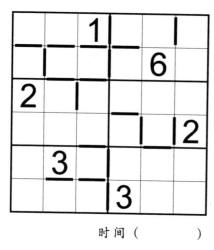

时间（　　　　　　）

练习题18

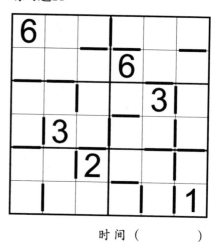

时间（　　　　　　）

练习题19

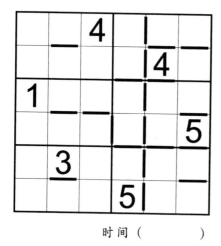

时间（　　　　　　）

练习题20

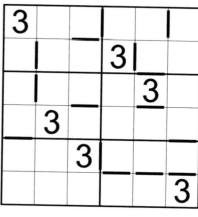

时间（　　　　　　）

练习题21

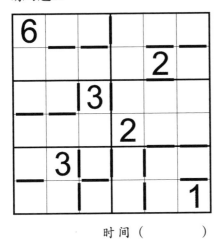

时间（　　　　　）

练习题22

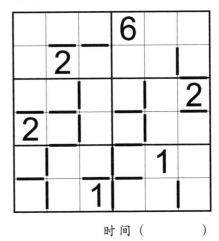

时间（　　　　　）

练习题23

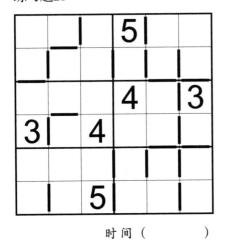

时间（　　　　　）

练习题24

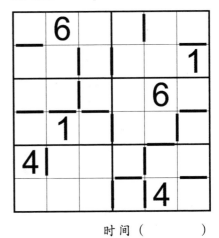

时间（　　　　　）

练习题25

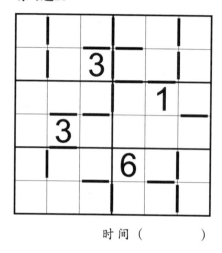

时 间 （　　　　　）

练习题26

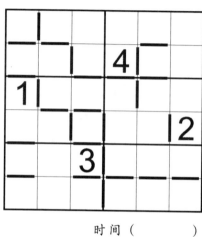

时 间 （　　　　　）

练习题27

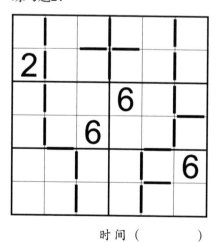

时 间 （　　　　　）

练习题28

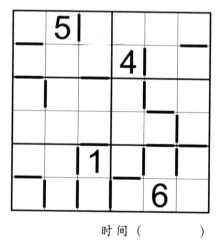

时 间 （　　　　　）

练习题29

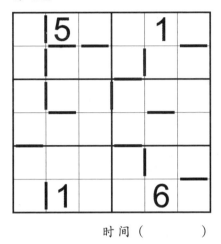

时 间（　　　　　）

练习题30

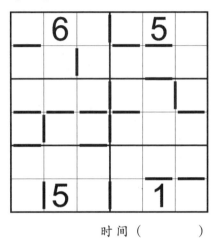

时 间（　　　　　）

练习题31

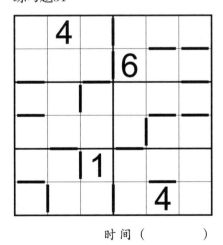

时 间（　　　　　）

练习题32

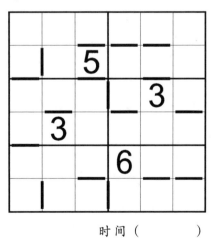

时 间（　　　　　）

练习题33

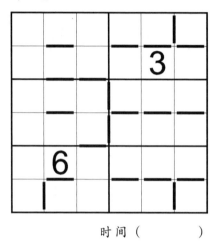

时 间（　　　　　）

练习题34

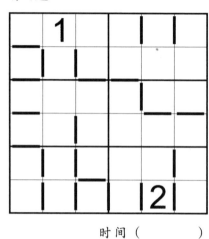

时 间（　　　　　）

练习题35

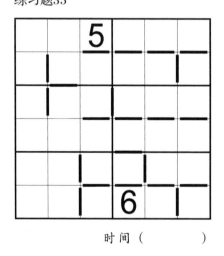

时 间（　　　　　）

练习题36

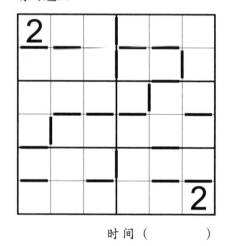

时 间（　　　　　）

练习题37

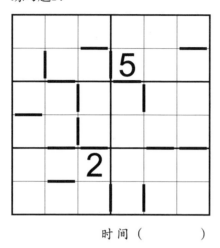

时 间（　　　　　）

练习题38

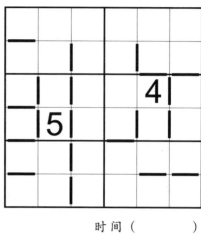

时 间（　　　　　）

练习题39

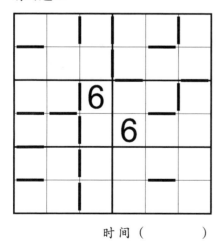

时 间（　　　　　）

练习题40

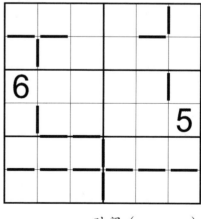

时 间（　　　　　）

练习题41

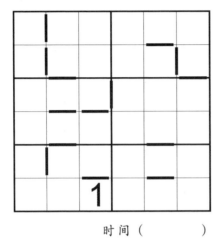

时 间 （　　　　　）

练习题42

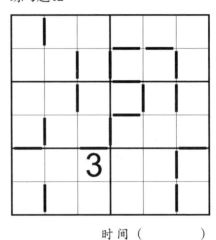

时 间 （　　　　　）

练习题43

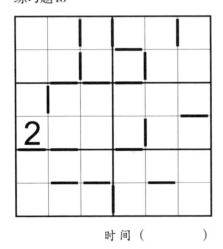

时 间 （　　　　　）

练习题44

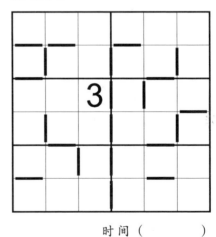

时 间 （　　　　　）

练习题45

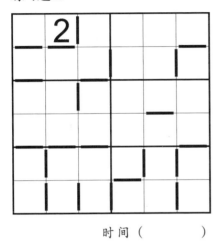

时 间 （　　　　）

练习题46

时 间 （　　　　）

练习题47

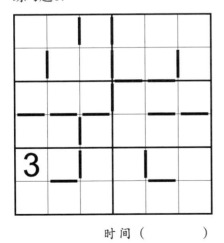

时 间 （　　　　）

练习题48

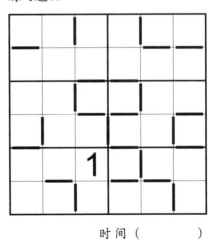

时 间 （　　　　）

练习题49

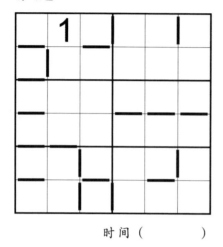

时 间 （　　　　　）

练习题50

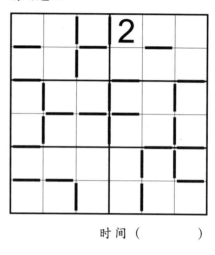

时 间 （　　　　　）

二、六宫箭头数独练习题

练习题1

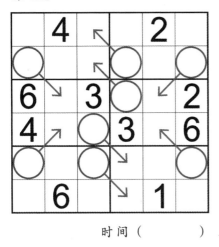

时间（   ）

练习题2

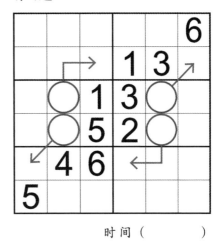

时间（   ）

练习题3

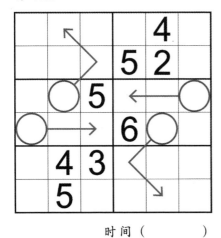

时间（   ）

练习题4

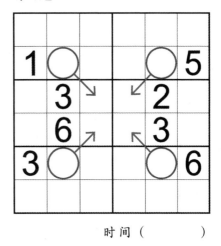

时间（   ）

练习题5

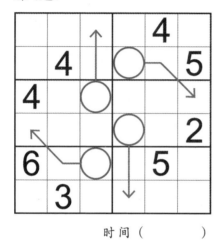

时 间（　　　　）

练习题6

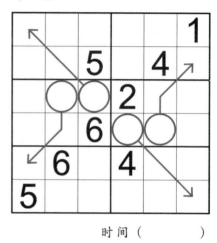

时 间（　　　　）

练习题7

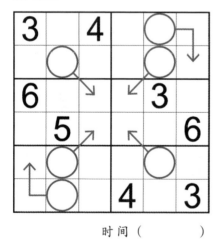

时 间（　　　　）

练习题8

时 间（　　　　）

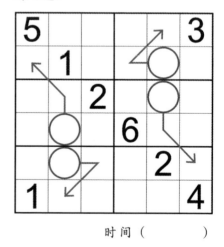

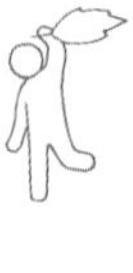

练习题9

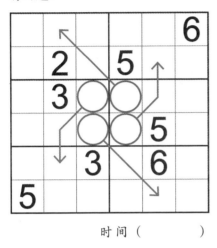

时 间（　　　　　）

练习题10

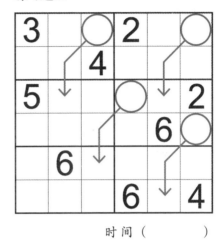

时 间（　　　　　）

练习题11

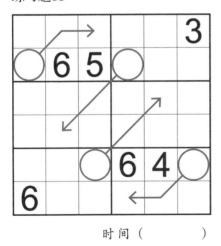

时 间（　　　　　）

练习题12

时 间（　　　　　）

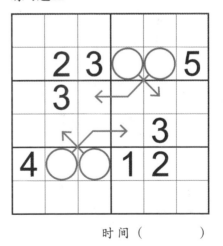

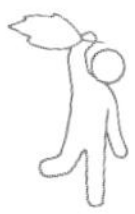

练习题13

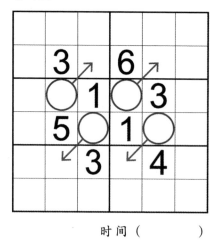

时间（　　　　　）

练习题14

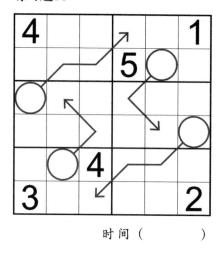

时间（　　　　　）

练习题15

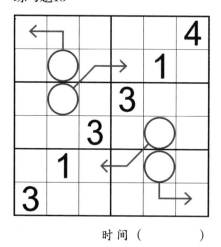

时间（　　　　　）

练习题16

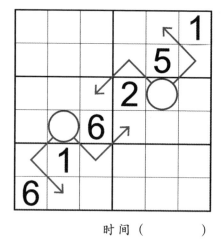

时间（　　　　　）

练习题17

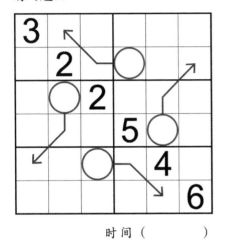

时 间 （　　　　　）

练习题18

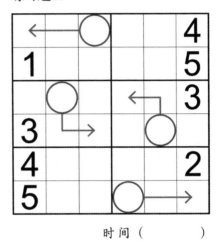

时 间 （　　　　　）

练习题19

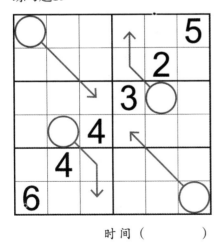

时 间 （　　　　　）

练习题20

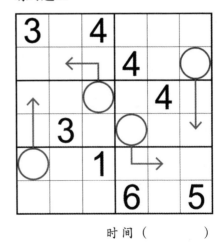

时 间 （　　　　　）

练习题21

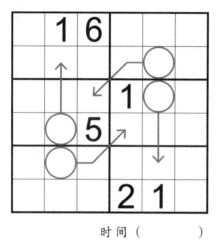

时 间 （　　　　）

练习题22

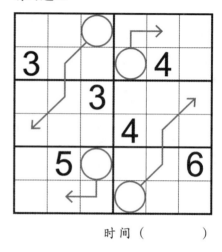

时 间 （　　　　）

练习题23

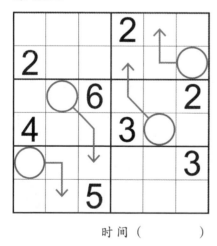

时 间 （　　　　）

练习题24

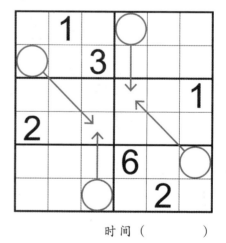

时 间 （　　　　）

练习题25

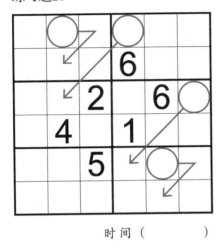

时 间 （ ）

练习题26

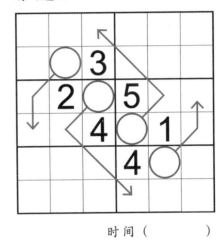

时 间 （ ）

练习题27

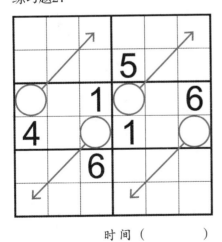

时 间 （ ）

练习题28

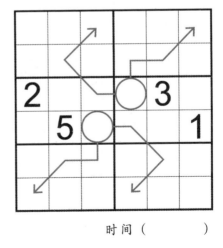

时 间 （ ）

练习题29

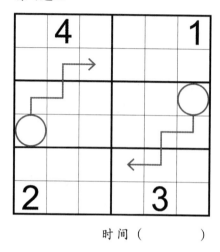

时间（　　　　　）

练习题30

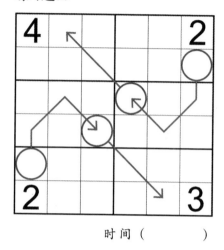

时间（　　　　　）

练习题31

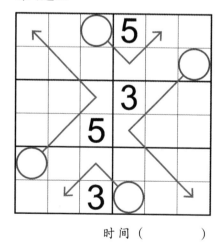

时间（　　　　　）

练习题32

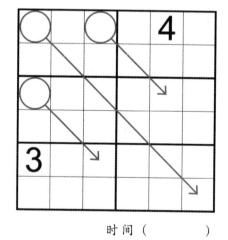

时间（　　　　　）

练习题33

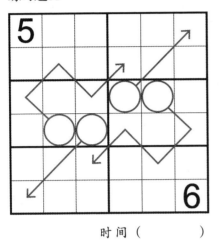

时 间（   ）

练习题34

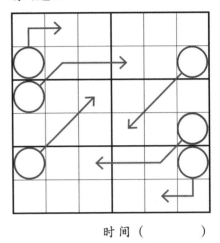

时 间（   ）

练习题35

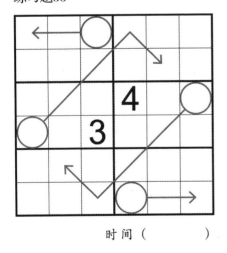

时 间（   ）

练习题36

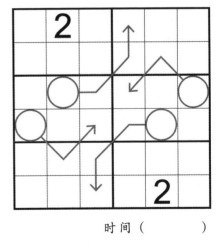

时 间（   ）

练习题37

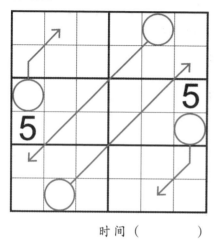

时间（   ）

练习题38

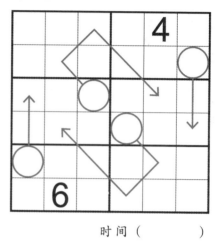

时间（   ）

练习题39

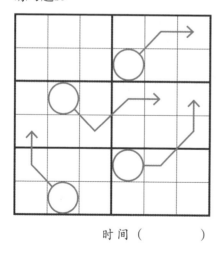

时间（   ）

练习题40

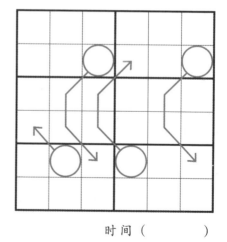

时间（   ）

练习题41

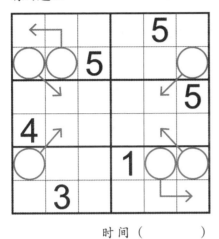

时 间（　　　　　）

练习题42

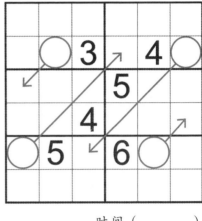

时 间（　　　　　）

练习题43

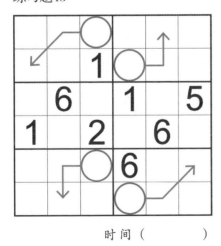

时 间（　　　　　）

练习题44

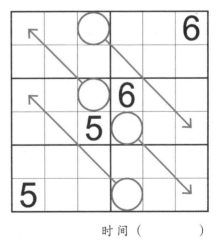

时 间（　　　　　）

练习题45

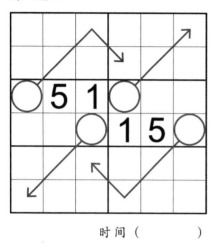

时 间（　　　　）

练习题46

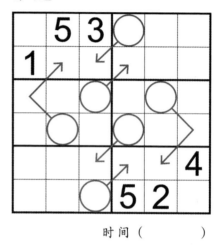

时 间（　　　　）

练习题47

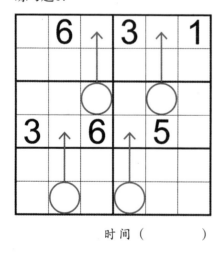

时 间（　　　　）

练习题48

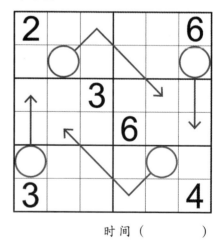

时 间（　　　　）

练习题49

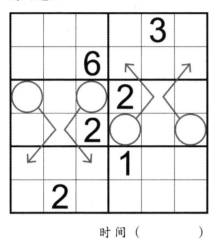

时间（   ）

练习题50

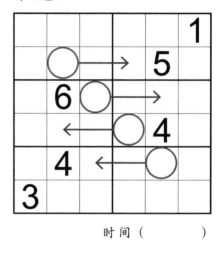

时间（   ）

三、六宫无缘数独练习题

练习题1

	1	3			
			4		1
	4				6
1				2	
5		4			
			2	4	

时间（   ）

练习题2

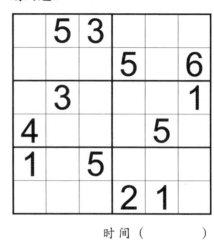

	5	3			
			5		6
	3				1
4				5	
1		5			
			2	1	

时间（   ）

练习题3

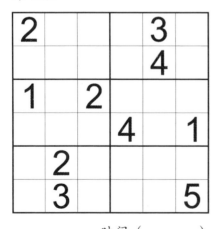

2				3	
				4	
1		2			
			4		1
	2				
	3				5

时间（   ）

练习题4

	6	2			
		5			2
				3	1
4	1				
2			6		
			2	4	

时间（   ）

练习题5

练习题6

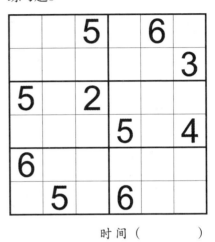

时间（　　　　　）

时间（　　　　　）

练习题7

练习题8

时间（　　　　　）

时间（　　　　　）

练习题9

1			4		
			3		
	2				3
3				2	
		3			
		6			5

练习题10

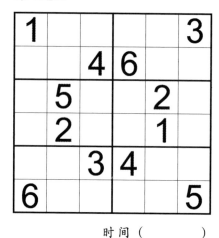

1					3
		4	6		
	5			2	
	2			1	
		3	4		
6					5

时间（　　　　　）

练习题11

4	6			5	
3		4			
			2		4
	4			2	5

练习题12

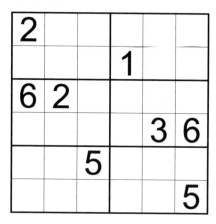

2					
			1		
6	2				
				3	6
	5				
					5

时间（　　　　　）

时间（　　　　　）

练习题13

练习题14

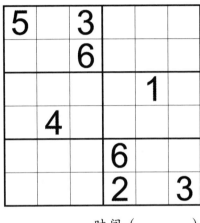

时间（　　　　）

练习题15

练习题16

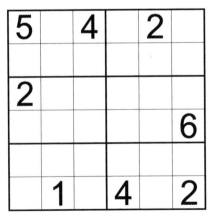

时间（　　　　）

练习题17

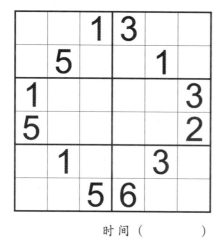

		1	3		
	5			1	
1					3
5					2
	1			3	
		5	6		

时间（　　　　）

练习题18

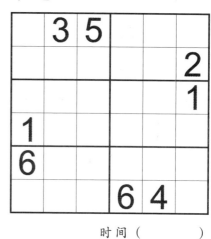

	3	5			
					2
					1
1					
6					
			6	4	

时间（　　　　）

练习题19

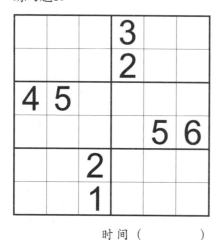

			3		
			2		
4	5				
				5	6
		2			
		1			

时间（　　　　）

练习题20

3		4			
					5
2					
					4
1					
			1		6

时间（　　　　）

练习题21

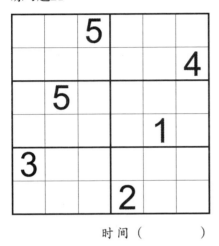

		5			
					4
	5				
				1	
3					
			2		

时 间（ ）

练习题22

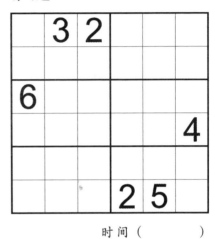

	3	2			
6					
					4
			2	5	

时 间（ ）

练习题23

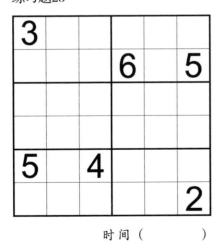

3					
			6		5
5		4			
					2

时 间（ ）

练习题24

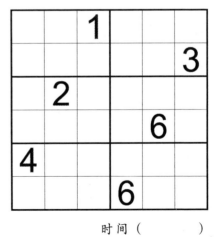

		1			
					3
	2				
				6	
4					
			6		

时 间（ ）

练习题25

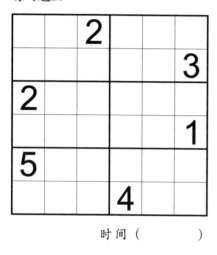

		2			
					3
2					
					1
5					
			4		

时间（　　　　）

练习题26

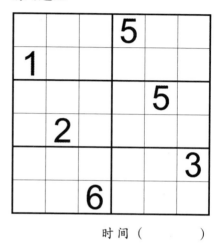

			5		
1					
				5	
	2				
					3
		6			

时间（　　　　）

练习题27

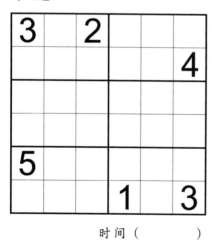

3		2			
					4
5					
			1		3

时间（　　　　）

练习题28

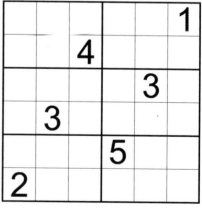

					1
		4			
				3	
	3				
			5		
2					

时间（　　　　）

练习题29

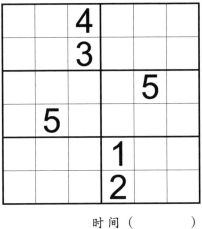

		4			
		3			
				5	
	5				
			1		
			2		

时 间（　　　　）

练习题30

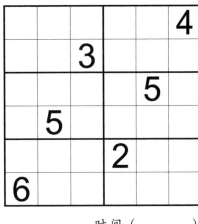

					4
		3			
				5	
	5				
			2		
6					

时 间（　　　　）

练习题31

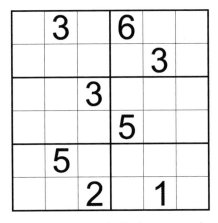

	3		6		
				3	
		3			
			5		
	5				
		2		1	

时 间（　　　　）

练习题32

		6		5	
2					
6					
					1
					2
	2		3		

时 间（　　　　）

练习题33

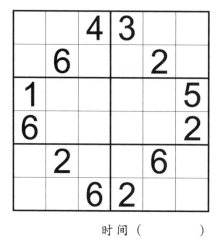

		4	3		
	6			2	
1					5
6					2
	2			6	
		6	2		

时 间（ ）

练习题34

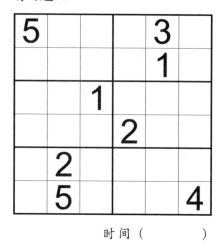

5				3	
				1	
		1			
			2		
	2				
	5				4

时 间（ ）

练习题35

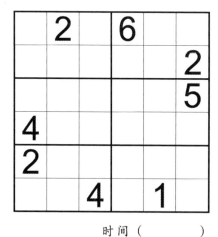

	2		6		
					2
					5
4					
2					
		4		1	

时 间（ ）

练习题36

2				5	4
3					
					6
4	2				5

时 间（ ）

练习题37

	1		2		
			5		
3					
					1
		4			
		5		4	

时间（ ）

练习题38

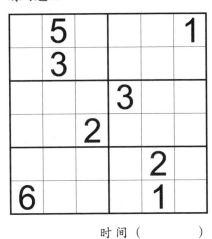

	5				1
	3				
			3		
		2			
				2	
6				1	

时间（ ）

练习题39

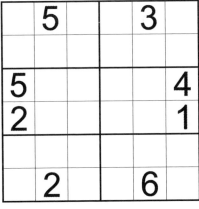

	5			3	
5					4
2					1
	2			6	

时间（ ）

练习题40

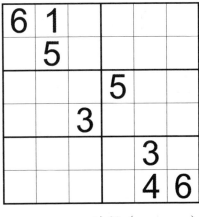

6	1				
	5				
			5		
		3			
				3	
				4	6

时间（ ）

练习题41

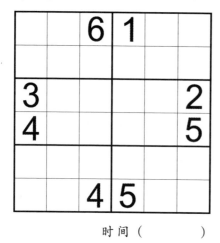

		6	1		
3					2
4					5
		4	5		

时 间（　　　　）

练习题42

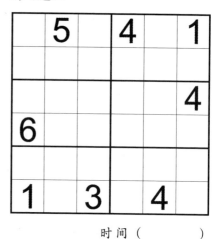

	5		4		1
					4
6					
1		3		4	

时 间（　　　　）

练习题43

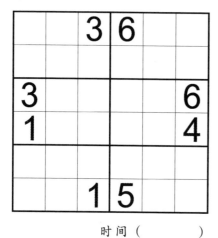

		3	6		
3					6
1					4
		1	5		

时 间（　　　　）

练习题44

	5		2		3
					4
5					
3		5		1	

时 间（　　　　）

练习题45

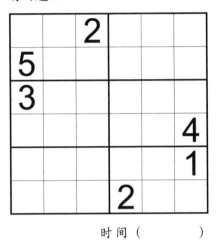

		2			
5					
3					
					4
					1
			2		

时间（　　　　）

练习题46

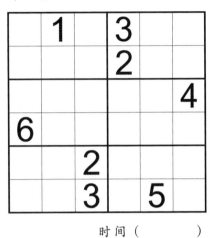

	1		3		
			2		
					4
6					
		2			
		3		5	

时间（　　　　）

练习题47

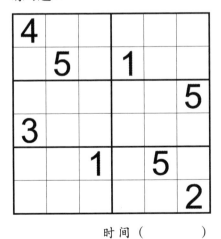

4					
	5		1		
					5
3					
		1		5	
					2

时间（　　　　）

练习题48

6	2				
	6				1
3				5	
				6	4

时间（　　　　）

练习题49

3			1		
			2		1
2		1			
	5				6

时 间（　　　　　）

练习题50

4		6			
				6	
				1	
	2				
	3				
			3		1

时 间（　　　　　）

四、七宫不规则数独练习题

练习题1

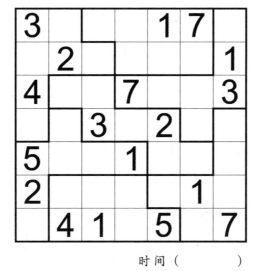

1		3		4		5
	3				4	
4			1			3
		1		7		
7			3			6
	1				2	
3		6		1		7

时间（　　　　）

练习题2

3				1	7	
	2					1
4			7			3
		3		2		
5			1			
2					1	
	4	1		5		7

时间（　　　　）

练习题3

4			1			2
		2		1		4
	3				4	
		7		4		
	7				2	
7		6		3		
3			6			7

时间（   ）

练习题4

	1	5		7	4	
3						1
1		6		2		5
6		4		1		7
7						6
		7	2		6	3

时间（   ）

练习题5

	7			6		1
5		3				
			2			5
4		1		7		
			7		1	
1	5					6
	4		1		6	

时间（   ）

练习题6

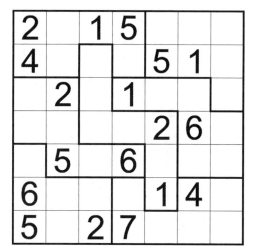

2		1	5			
4				5	1	
	2		1			
				2	6	
	5		6			
6				1	4	
5		2	7			

时间（   ）

练习题7

			6		2	1
7				1		
		4		5	6	
1						4
	3	5		7		
		1				3
6	1		5			

时间（　　　　）

练习题8

	2		1			7
3						4
			5	4		2
4		2			6	
		3			4	
			4	2		
1	4	6				

时间（　　　　）

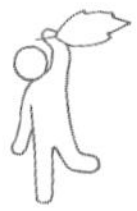

练习题9

	5		1		4	
7	6				3	1
		4		2		
5						3
		3		1		
2	4				1	5
	1		2		7	

时 间（   ）

练习题10

4		6	7			
				1	4	
7					3	
2				7		3
	2		4			1
	4	7				
			5	2		4

时 间（   ）

练习题11

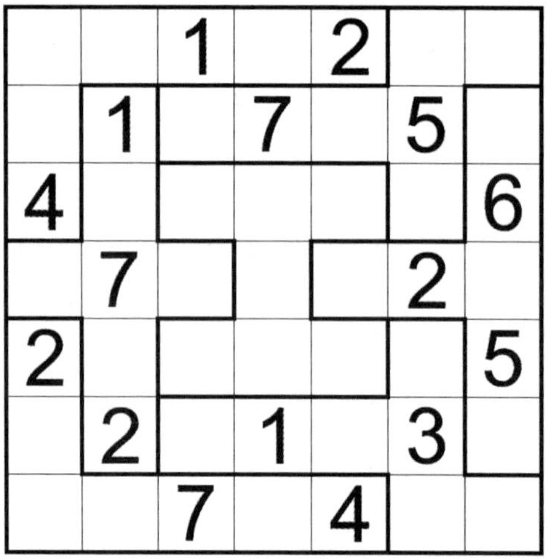

		1		2		
	1		7		5	
4						6
	7				2	
2						5
	2		1		3	
		7		4		

时间（   ）

练习题12

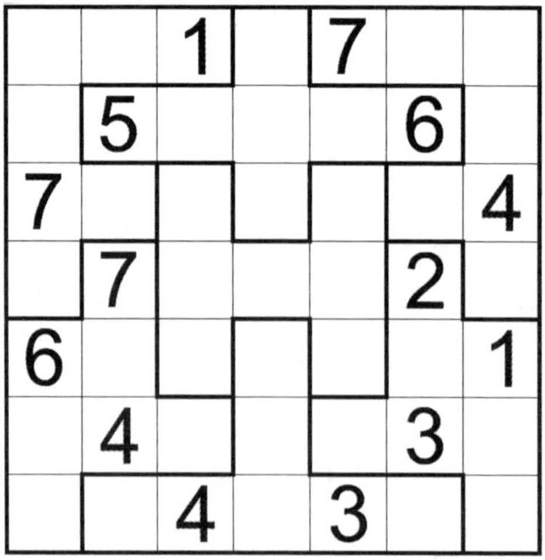

		1		7		
	5				6	
7						4
	7				2	
6						1
	4				3	
		4		3		

时间（   ）

练习题13

	2			7		
6		2				
	5					2
			5			
5					6	
				3		7
		6			1	

时 间（　　　　　）

练习题14

	3		6		4	
7						5
2						6
	2			7		
1						3
		7		3		

时 间（　　　　　）

练习题15

		2	5		
	6			1	
		1	3		
7			5		6
		4		6	
	3			5	
		6		7	

时间（   ）

练习题16

	7		2		
6	4				
			7		4
3		1			
				4	1
		6		2	

时间（   ）

练习题17

			4			1
	7					
				3	2	
		5				4
				5	4	
	2					
			1			5

时间（   ）

练习题18

		2		1	5	
6	2					
			4			3
5						
			2			1
4	7					
		6		3	7	

时间（   ）

练习题19

	4		1	5		
	2					
					4	6
					1	3
		4				
	2		5	7		

时间（　　　　　）

练习题20

	2		7		6	
	3				1	
			6			
3						4
		1		4		
		2		5		

时间（　　　　　）

练习题21

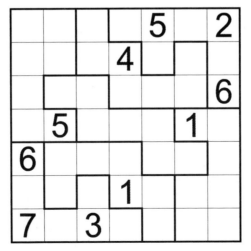

		1		3	2	
7			3			
4						1
	1				5	
2						6
			2			7
	7	6		4		

时 间（ ）

练习题22

				5		2
			4			
						6
	5				1	
6						
			1			
7		3				

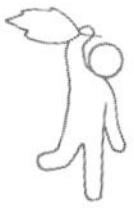

时 间（ ）

练习题23

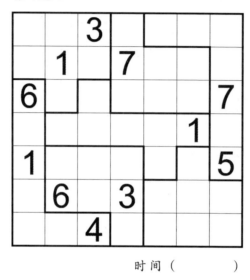

		3				
	1		7			
6						7
					1	
1						5
	6		3			
		4				

时 间（　　　　）

练习题24

4					3	
				1		6
			3		2	
		6		4		
	5		1			
7		2				
	6					3

时 间（　　　　）

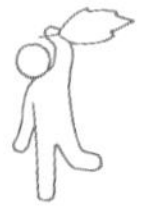

练习题25

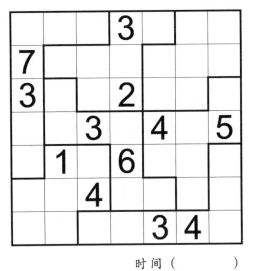

		2			3	
		5				6
7	2					
			3			
						5
1					6	
	5			6		

时 间 (   )

练习题26

			3			
7						
3			2			
		3		4		5
	1		6			
		4				
				3	4	

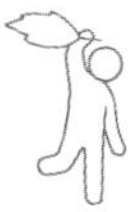

时 间 (   )

练习题27

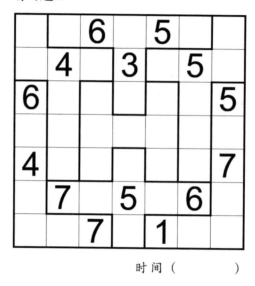

时 间 （　　　　　）

练习题28

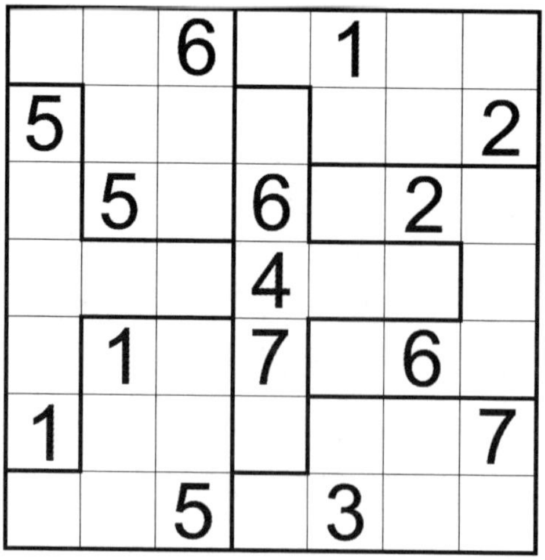

时 间 （　　　　　）

练习题29

				2		
			7		1	
5		7				
7						5
				6		1
	4		3			
		1				

时间（   ）

练习题30

		4		6		
			1		7	
3						5
	1		2		3	
6						2
	7		6			
		5		7		

时间（   ）

练习题31

5		7		6		
					4	
7		2				4
4				2		7
	1					
		6		5		1

时间（   ）

练习题32

3						4
		6		2		
	1				2	
	2			1		
		7		5		
6						2

时间（   ）

练习题33

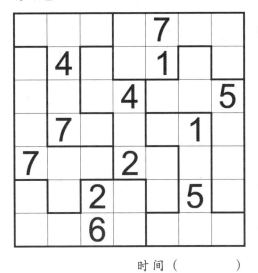

		1				
				6	1	
			1			6
3						4
4			5			
	2	5				
				4		

时 间（　　　　）

练习题34

				7		
	4			1		
			4			5
	7				1	
7			2			
		2			5	
		6				

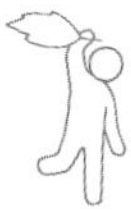

时 间（　　　　）

练习题35

	1			2	
3					6
6		1	7		3
5					7
	5			3	

时间（　　　　　　）

练习题36

3		6		1		7
6						3
1						5
7		2		3		1

时间（　　　　　　）

练习题37

	1			7		
2		7				
	2					3
			2			
7					5	
				5		6
		3			7	

时 间 （   ）

练习题38

4			3			
		7				
				3		5
	2			6		
5		6				
				7		
			6			2

时 间 （   ）

练习题39

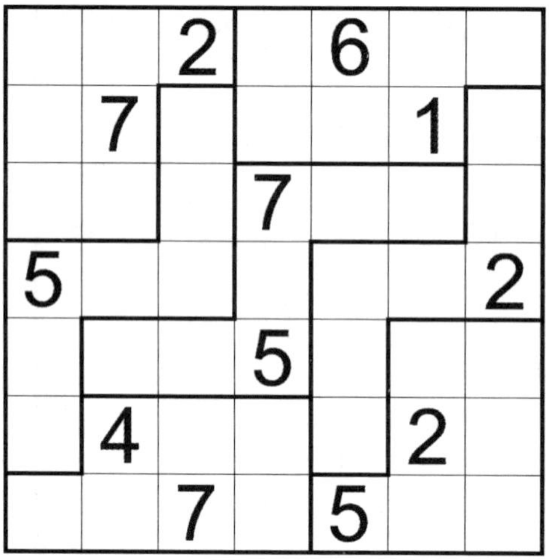

时 间 （　　　　　）

练习题40

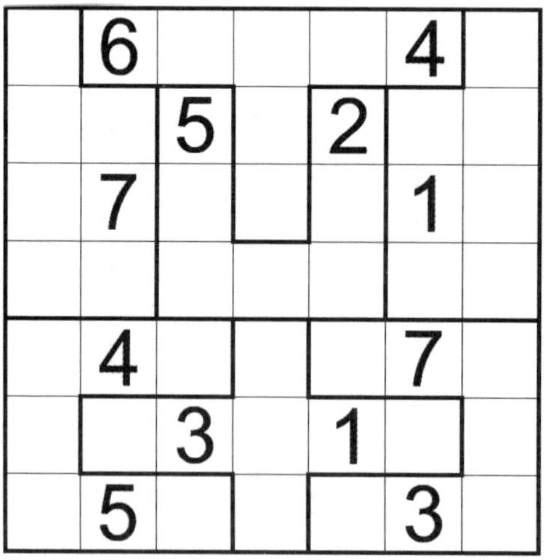

时 间 （　　　　　）

练习题41

3				7		
			5		3	
				4		6
	2				4	
6		3				
	7		4			
		7				3

时间（ ）

练习题42

			4	3		
					4	
				4		5
3						7
1		4				
	5					
		2	3			

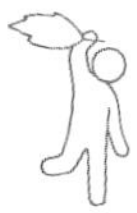

时间（ ）

练习题43

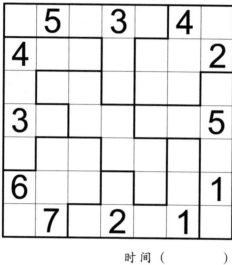

	5		3		4	
4						2
3						5
6						1
	7		2		1	

时间（　　　　）

练习题44

	1	7				
4				1		
3				2	7	
	5	2				7
		6				1
				6	5	

时间（　　　　）

练习题45

			7		
				4	1
5	2				
		6	3		
				1	6
	1	6			
		3			

时间（　　　　）

练习题46

			3		
	1	4		2	3
1					4
5					3
	3	7		5	1
			1		

时间（　　　　）

练习题47

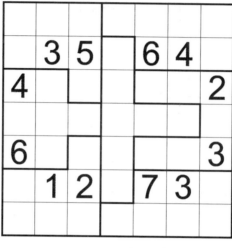

	3	5		6	4	
4						2
6						3
	1	2		7	3	

时 间（　　　　）

练习题48

		4			7	
5		2				
			6		2	4
		5		7		
4	5		2			
				1		2
	2			6		

时 间（　　　　）

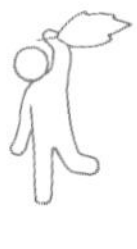

练习题49

1			5			4
		4		1		
	2				1	
	5				6	
		5		3		
3			6			2

时间（　　　　）

练习题50

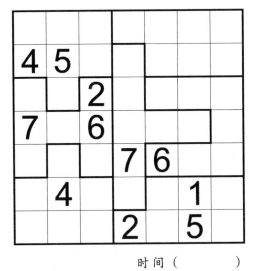

4	5					
		2				
7		6				
			7	6		
	4				1	
			2		5	

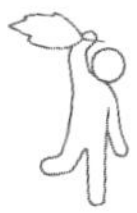

时间（　　　　）

练习题1

			1		2			
		1		9		8		
	9		7		4		1	
4		6		5		7		1
	1		4		3		6	
3		8		7		2		9
	6		2		7		5	
		2		6		1		
			8		5			

时间（　　　　）

练习题2

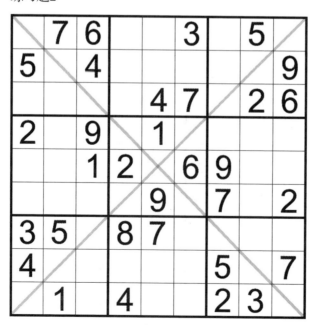

	7	6			3		5	
5		4						9
				4	7		2	6
2		9		1				
		1	2		6	9		
				9		7		2
3	5		8	7				
4						5		7
	1		4			2	3	

时间（　　　　）

练习题3

	3		6		1		7	
6		4				8		
		5		8		4		
2				1		9		3
			3		2			
3		7		9				2
	7		2		4			
		6				4		8
	8		9		5		2	

时间（　　　　　）

练习题4

7	8	9						1
			9			3		7
	3		7	5				9
				3		9	5	
	5	4		2		8		
	2	3		1				
2			7	8		9		
8		7		9				
3						2	7	8

时间（　　　　　）

练习题5

	4		5		1		2	
2				3				9
			2		7			
9		2		6		3		4
	5		3		2		6	
4		3		1		2		8
			4		3			
5				7				1
	3		1		8		9	

时 间（　　　　）

练习题6

	2		1	3			7	
1						2		5
	9		8		2			
7		1				8		2
			7		8			
6		8				1		7
			3		4		1	
8		3						4
	1			5	7		8	

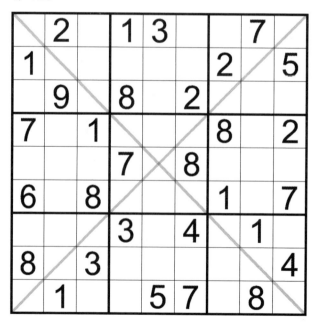

时 间（　　　　）

练习题7

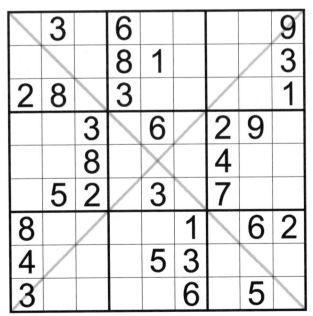

	4				7		6	
7		9				3		4
	6		1		4		5	
4		8		1		2		
			8		3			
		7		2		6		1
	2		7		1		3	
5		1				7		6
	7		2				9	

时 间（ ）

练习题8

	3		6					9
			8	1				3
2	8		3					1
		3		6		2	9	
		8				4		
	5	2		3		7		
8					1		6	2
4				5	3			
3					6		5	

时 间（ ）

练习题9

	7		1				4	
5				9		7		1
	2		7		6			
		2		5		8		7
	6		9		1		5	
7		4		3		1		
			5		3		7	
2		5		8				6
	3				9		8	

时间（　　　　　）

练习题10

	1					9	3	
				8		1		2
4	2		5		1			
7		5		6		3		
			8		7			
		4		9		7		8
			7		9		1	3
2		1		4				
	5	3					6	

时间（　　　　　）

练习题11

	8		5				4	
9		3				2		7
			2		3		6	
1		4	3					6
			8		1			
6				4		1		3
	6		3		9			
7		9				6		2
	2				6		1	

时间（   ）

练习题12

	2		6		5		7	
5		8						9
			7	4		2		
9		3		4				7
		7	3		9	6		
1				6		9		2
	5		4	8				
8						7		1
	3		9		7		5	

时间（   ）

练习题13

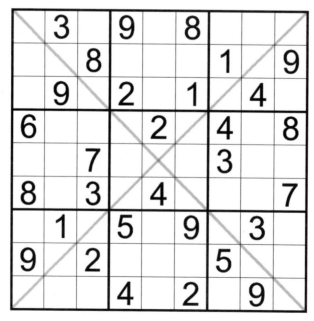

	7	3				9	6	
9				6				3
5			4		3			2
		7		8		4		
	2		3		4		1	
		5		2		8		
6			9		8			1
1				4				7
	9	4				6	5	

时 间（　　　　）

练习题14

	3		9		8			
		8				1		9
	9		2		1		4	
6				2		4		8
		7				3		
8		3		4				7
	1		5		9		3	
9		2				5		
			4		2		9	

时 间（　　　　）

练习题15

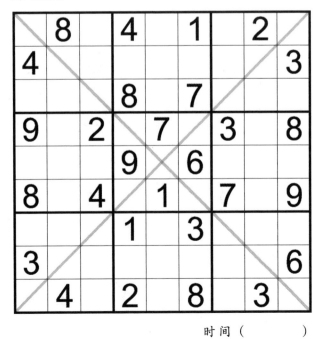

2	5	6						9
			9	2	6			7
					1			3
	2	7		9			5	
	9		8		3		6	
	3			6		9	7	
9			3					
8			6	4	9			
3						1	9	6

时 间（　　　　）

练习题16

	8		4		1		2	
4								3
			8		7			
9		2		7		3		8
			9		6			
8		4		1		7		9
			1		3			
3								6
	4		2		8		3	

时 间（　　　　）

练习题17

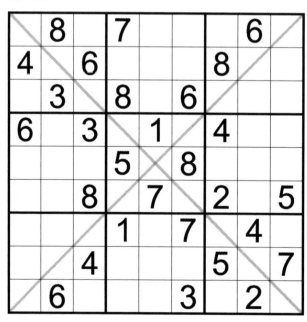

		1				9		
			9	1	5			
6			3		2			1
	7	8				3	1	
	1						8	
	5	6				2	7	
9			1		3			8
			7	4	6			
		7				6		

时间（ ）

练习题18

	8		7				6	
4		6				8		
	3		8		6			
6		3		1		4		
			5		8			
		8		7		2		5
			1		7		4	
		4				5		7
	6				3		2	

时间（ ）

练习题19

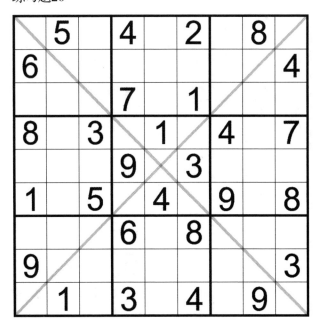

	9		2				8	
			1			7		2
	2		4				9	
		5		2		4		9
		9				3		
3		4		9		2		
	5				6		7	
4		7			5			
	3				2		4	

时间（　　　　）

练习题20

	5		4		2		8	
6								4
			7		1			
8		3		1		4		7
			9		3			
1		5		4		9		8
			6		8			
9								3
	1		3		4		9	

时间（　　　　）

练习题21

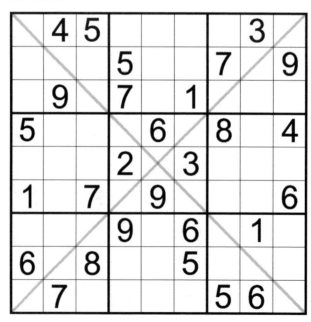

	3				6		8	
		5				1		2
	1		5		2			
9		6		2				1
			9		1			
3				6		8		5
			6		9		3	
8		3				9		
	4		7				5	

时间（　　　　）

练习题22

	4	5					3	
			5			7		9
	9		7		1			
5				6		8		4
			2		3			
1		7		9				6
			9		6		1	
6		8			5			
	7					5	6	

时间（　　　　）

练习题23

	7						5	
9		2				3		7
	4		6		9		2	
		1		8		4		
			4		6			
		4		3		5		
	1		3		2		8	
6		9				2		5
	5						7	

时 间（ ）

练习题24

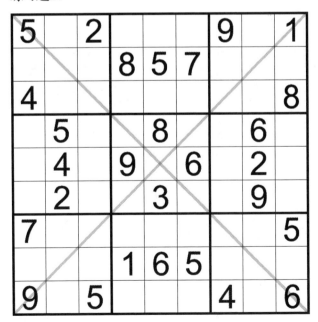

5		2				9		1
			8	5	7			
4								8
	5			8			6	
	4		9		6		2	
	2			3			9	
7								5
			1	6	5			
9		5				4		6

时 间（ ）

练习题25

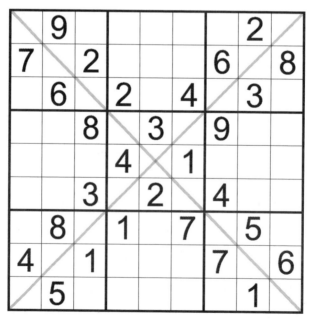

	5	2				4	8	
1				5				7
3			4		2			9
		3				5		
	4						1	
		9				7		
2			3		5			1
5				4				2
	3	6				9	7	

时 间（　　　　）

练习题26

	9						2	
7		2				6		8
	6		2		4		3	
		8		3		9		
			4		1			
		3		2		4		
	8		1		7		5	
4		1				7		6
	5						1	

时 间（　　　　）

练习题27

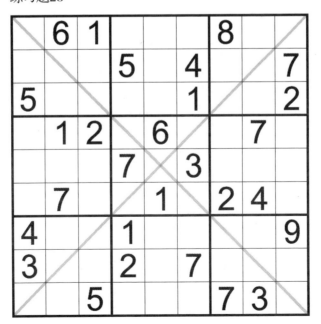

	2		6		3		8	
7								3
			7		2			
2		7		6		9		5
			3		5			
1		5		4		3		6
			5		8			
9								8
	7		2		9		1	

时间（　　　　）

练习题28

	6	1				8		
			5		4			7
5					1			2
	1	2		6			7	
			7		3			
	7			1		2	4	
4			1					9
3			2		7			
		5				7	3	

时间（　　　　）

练习题29

9		1				3		8
			4	2	8			
8								5
	1			6			4	
	3		8		4		1	
	6			9			3	
7								1
			5	1	2			
1		2				6		4

时间（   ）

练习题30

	5						1	
6		7				2		9
	8		7		6		3	
		9		4		3		
			6		9			
		6		1		8		
	2		9		4		7	
7		4				5		8
	6						4	

时间（   ）

练习题31

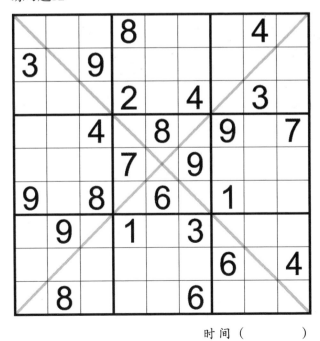

					7		2	
4		1						
	7				5		3	
		3		6		7		
			1		8			
		8		7		1		
	1		2				6	
						8		2
	2		6					

时间（　　　　）

练习题32

			8				4	
3		9						
			2		4		3	
		4		8		9		7
			7		9			
9		8		6		1		
	9		1		3			
						6		4
	8				6			

时间（　　　　）

练习题33

	3						1	
9			5					6
			8		6			
		3		2		1	4	
			1		5			
	4	1		7		5		
			2		4			
4					1			3
	8						5	

时 间（　　　　）

练习题34

	7					9		
			7		6			8
2					4			
	1	7		6			9	
			4		9			
	5			1		4	6	
			6					7
5			2		8			
		6					5	

时 间（　　　　）

练习题35

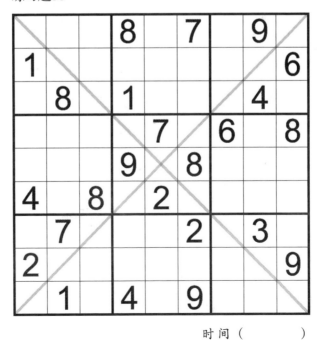

	6	2				8		
			7		9			1
8			6					3
	2					5	7	
	8	7					1	
2					6			5
7			2		4			
		5				3	2	

时间（　　　　）

练习题36

			8		7		9	
1								6
	8		1				4	
				7		6		8
			9		8			
4		8		2				
	7				2		3	
2								9
	1		4		9			

时间（　　　　）

练习题37

			4				2	
2		8				5		
9			2				8	
1		3						5
			1		6			
4						3		1
	9				4			6
		7				2		4
	1				5			

时 间（ ）

练习题38

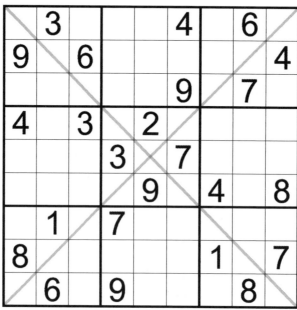

	3				4		6	
9		6						4
					9		7	
4		3		2				
			3		7			
				9		4		8
	1		7					
8						1		7
	6		9				8	

时 间（ ）

练习题39

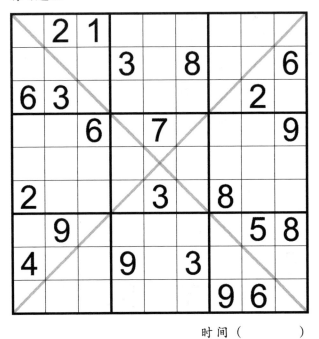

			7				4	
5		4				8		
	6		3				5	
				3		6		5
			2		9			
9		8		7				
	7				3		1	
		5				9		7
	8				7			

时间（　　　　）

练习题40

	2	1						
			3		8			6
6	3						2	
		6		7				9
2				3		8		
	9						5	8
4			9		3			
						9	6	

时间（　　　　）

练习题41

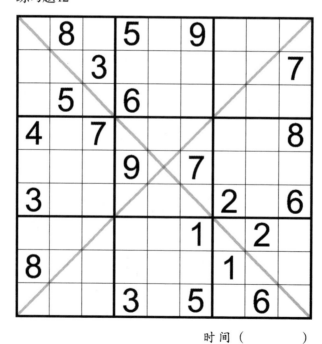

		7				8	4	
2				8	7			
9					6			5
	9	2						
	4						5	
						1	6	
8			9					7
			7	3				6
	7	3				9		

时间（　　　　）

练习题42

	8		5		9			
		3						7
	5		6					
4		7						8
			9		7			
3						2		6
					1		2	
8						1		
			3		5		6	

时间（　　　　）

练习题43

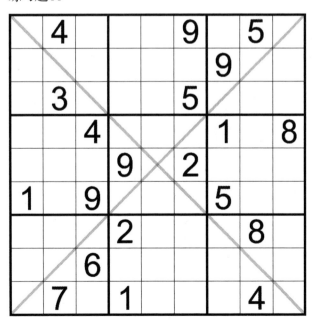

	2		6				3	
			4		3			
							1	7
1				6		7		
		4				5		
		3		5				8
6	1							
			9		7			
	9				6		8	

时 间（　　　　）

练习题44

	4				9		5	
						9		
	3				5			
		4				1		8
			9		2			
1		9				5		
			2				8	
		6						
	7		1				4	

时 间（　　　　）

练习题45

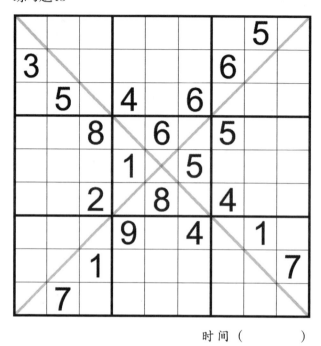

							5	
3						6		
	5		4		6			
		8		6		5		
			1		5			
		2		8		4		
			9		4		1	
		1						7
	7							

时间（　　　　）

练习题46

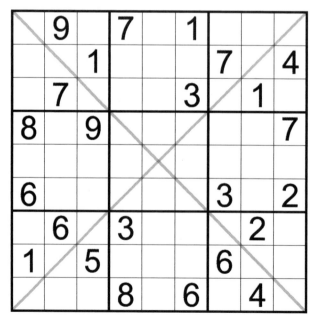

	9		7		1			
		1				7		4
	7				3		1	
8		9						7
6						3		2
	6		3				2	
1		5				6		
			8		6		4	

时间（　　　　）

练习题47

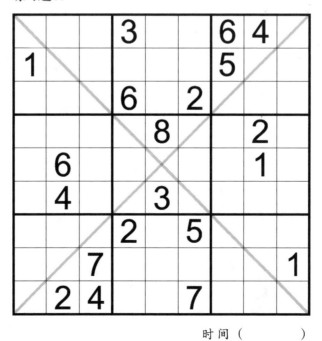

	3	5				6		
			1		4			3
9								4
	4			1			8	
			8		9			
	8			4			5	
1								5
3			6		7			
		2				7	3	

时 间（　　　　）

练习题48

			3			6	4	
1						5		
			6		2			
				8			2	
	6						1	
	4			3				
			2		5			
		7						1
	2	4			7			

时 间（　　　　）

练习题49

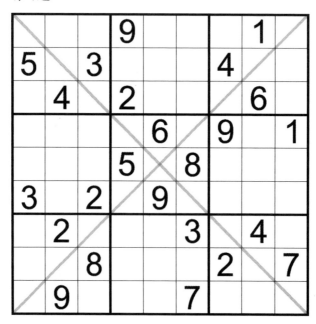

	2						5	
			8	4	6			
7							3	
				7		3		1
			5		8			
4		8		6				
	6							3
			7	3	5			
	7						9	

时 间（　　　　）

练习题50

			9				1	
5		3				4		
	4		2				6	
				6		9		1
			5		8			
3		2		9				
	2				3		4	
		8				2		7
	9				7			

时 间（　　　　）

第三章

变型数独
练习题答案

一、六宫连续数独练习题答案

5	2	3	6	1	4
1	6	4	5	3	2
2	4	6	1	5	3
3	5	1	4	2	6
6	1	2	3	4	5
4	3	5	2	6	1

练习1答案

1	5	6	2	4	3
4	3	2	5	1	6
3	1	5	6	2	4
6	2	4	3	5	1
5	6	1	4	3	2
2	4	3	1	6	5

练习2答案

5	6	1	3	2	4
3	2	4	6	5	1
2	1	3	4	6	5
6	4	5	1	3	2
1	5	6	2	4	3
4	3	2	5	1	6

练习3答案

1	4	6	3	5	2
2	5	3	1	4	6
5	3	4	6	2	1
6	2	1	4	3	5
3	6	2	5	1	4
4	1	5	2	6	3

练习4答案

1	4	6	2	5	3
3	5	2	6	4	1
4	6	5	1	3	2
2	3	1	4	6	5
5	2	4	3	1	6
6	1	3	5	2	4

练习5答案

5	2	1	4	6	3
3	4	6	1	5	2
6	1	4	2	3	5
2	5	3	6	1	4
4	6	5	3	2	1
1	3	2	5	4	6

练习6答案

4	2	1	5	6	3
3	6	5	4	1	2
6	1	2	3	4	5
5	4	3	6	2	1
1	3	6	2	5	4
2	5	4	1	3	6

练习7答案

2	4	1	6	3	5
3	5	6	4	2	1
5	1	4	2	6	3
6	3	2	1	5	4
4	6	3	5	1	2
1	2	5	3	4	6

练习8答案

6	1	3	4	2	5
2	5	4	1	6	3
1	4	5	6	3	2
3	6	2	5	1	4
5	3	1	2	4	6
4	2	6	3	5	1

练习9答案

1	2	5	4	3	6
4	3	6	2	5	1
6	5	3	1	4	2
2	1	4	5	6	3
5	6	2	3	1	4
3	4	1	6	2	5

练习10答案

2	6	5	1	4	3
1	3	4	2	6	5
3	2	6	4	5	1
4	5	1	3	2	6
6	4	3	5	1	2
5	1	2	6	3	4

练习11答案

2	6	3	5	1	4
4	1	5	3	6	2
1	2	4	6	5	3
5	3	6	4	2	1
3	5	1	2	4	6
6	4	2	1	3	5

练习12答案

2	1	4	5	3	6
5	3	6	1	4	2
4	5	1	2	6	3
6	2	3	4	1	5
3	4	2	6	5	1
1	6	5	3	2	4

练习13答案

4	5	2	1	3	6
1	6	3	2	5	4
3	1	6	4	2	5
2	4	5	3	6	1
6	2	4	5	1	3
5	3	1	6	4	2

练习14答案

1	5	2	4	6	3
6	3	4	2	5	1
3	6	1	5	4	2
2	4	5	1	3	6
5	1	6	3	2	4
4	2	3	6	1	5

练习15答案

2	6	3	4	1	5
5	1	4	2	6	3
6	5	2	1	3	4
4	3	1	6	5	2
1	2	5	3	4	6
3	4	6	5	2	1

练习16答案

3	6	1	2	4	5
4	5	2	1	6	3
2	4	3	5	1	6
5	1	6	4	3	2
1	3	5	6	2	4
6	2	4	3	5	1

练习17答案

6	2	4	5	1	3
1	5	3	6	4	2
2	6	5	1	3	4
4	3	1	2	5	6
3	1	2	4	6	5
5	4	6	3	2	1

练习18答案

3	1	4	6	5	2
5	2	6	3	4	1
1	5	2	4	3	6
4	6	3	2	1	5
6	3	5	1	2	4
2	4	1	5	6	3

练习19答案

3	6	4	5	1	2
1	2	5	3	4	6
4	5	2	6	3	1
6	3	1	4	2	5
5	1	3	2	6	4
2	4	6	1	5	3

练习20答案

6	4	2	1	3	5
3	5	1	6	2	4
5	2	3	4	1	6
4	1	6	2	5	3
1	3	4	5	6	2
2	6	5	3	4	1

练习21答案

3	1	4	6	2	5
6	2	5	1	4	3
1	4	3	5	6	2
2	5	6	4	3	1
5	6	2	3	1	4
4	3	1	2	5	6

练习22答案

2	4	3	5	6	1
6	5	1	2	3	4
5	1	6	4	2	3
3	2	4	1	5	6
1	6	2	3	4	5
4	3	5	6	1	2

练习23答案

3	6	1	4	5	2
2	4	5	6	3	1
5	2	3	1	6	4
6	1	4	5	2	3
4	3	6	2	1	5
1	5	2	3	4	6

练习24答案

2	1	4	3	5	6
6	5	3	4	2	1
4	2	6	5	1	3
1	3	5	2	6	4
5	4	1	6	3	2
3	6	2	1	4	5

练习25答案

3	4	1	6	2	5
2	5	6	4	3	1
1	2	5	3	4	6
6	3	4	5	1	2
5	1	3	2	6	4
4	6	2	1	5	3

练习26答案

6	5	3	4	1	2
2	1	4	3	6	5
5	4	1	6	2	3
3	2	6	1	5	4
1	3	2	5	4	6
4	6	5	2	3	1

练习27答案

2	5	4	6	1	3
3	1	6	4	5	2
4	3	5	1	2	6
1	6	2	5	3	4
6	2	1	3	4	5
5	4	3	2	6	1

练习28答案

6	5	2	4	1	3
3	4	1	6	5	2
1	2	4	5	3	6
5	3	6	2	4	1
4	6	3	1	2	5
2	1	5	3	6	4

练习29答案

4	6	1	2	5	3
5	2	3	1	4	6
1	4	6	5	3	2
2	3	5	4	6	1
3	1	4	6	2	5
6	5	2	3	1	4

练习30答案

6	4	2	3	1	5
3	1	5	6	2	4
2	5	4	1	6	3
1	3	6	4	5	2
4	2	1	5	3	6
5	6	3	2	4	1

练习31答案

1	6	4	2	5	3
3	2	5	1	4	6
2	4	6	5	3	1
5	3	1	4	6	2
4	1	3	6	2	5
6	5	2	3	1	4

练习32答案

3	1	6	2	4	5
5	2	4	1	3	6
1	3	5	4	6	2
6	4	2	3	5	1
2	6	3	5	1	4
4	5	1	6	2	3

练习33答案

5	1	6	2	3	4
4	3	2	5	1	6
3	6	1	4	5	2
2	4	5	1	6	3
1	2	3	6	4	5
6	5	4	3	2	1

练习34答案

4	1	5	2	6	3
2	3	6	1	5	4
5	4	2	3	1	6
3	6	1	4	2	5
6	2	3	5	4	1
1	5	4	6	3	2

练习35答案

2	5	3	4	1	6
1	4	6	5	2	3
6	1	4	2	3	5
3	2	5	1	6	4
4	6	2	3	5	1
5	3	1	6	4	2

练习36答案

4	1	5	2	6	3
2	3	6	5	1	4
5	2	1	4	3	6
6	4	3	1	5	2
3	5	2	6	4	1
1	6	4	3	2	5

练习37答案

2	6	3	5	1	4
1	4	5	2	3	6
3	2	1	6	4	5
4	5	6	3	2	1
5	1	2	4	6	3
6	3	4	1	5	2

练习38答案

6	3	2	1	5	4
5	1	4	3	6	2
1	5	6	4	2	3
2	4	3	6	1	5
3	6	5	2	4	1
4	2	1	5	3	6

练习39答案

5	2	6	1	3	4
4	3	1	5	2	6
6	1	5	2	4	3
3	4	2	6	1	5
1	5	3	4	6	2
2	6	4	3	5	1

练习40答案

4	5	3	1	6	2
2	1	6	3	5	4
6	2	4	5	1	3
1	3	5	2	4	6
5	4	2	6	3	1
3	6	1	4	2	5

练习41答案

4	3	5	2	6	1
6	1	2	3	5	4
1	5	6	4	3	2
3	2	4	5	1	6
2	6	3	1	4	5
5	4	1	6	2	3

练习42答案

6	1	2	3	5	4
3	5	4	2	1	6
5	6	3	1	4	2
2	4	1	5	6	3
1	3	6	4	2	5
4	2	5	6	3	1

练习43答案

2	5	1	4	6	3
3	4	6	5	2	1
4	6	3	2	1	5
1	2	5	6	3	4
5	3	2	1	4	6
6	1	4	3	5	2

练习44答案

5	2	3	1	6	4
4	1	6	5	2	3
3	6	5	2	4	1
1	4	2	6	3	5
2	3	1	4	5	6
6	5	4	3	1	2

练习45答案

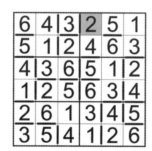

1	6	4	5	2	3
3	5	2	1	6	4
2	1	3	4	5	6
5	4	6	3	1	2
6	3	5	2	4	1
4	2	1	6	3	5

练习46答案

2	6	5	4	1	3
4	3	1	2	6	5
6	1	4	3	5	2
5	2	3	6	4	1
3	5	6	1	2	4
1	4	2	5	3	6

练习47答案

4	1	2	6	5	3
5	3	6	1	4	2
3	6	5	2	1	4
1	2	4	3	6	5
2	5	1	4	3	6
6	4	3	5	2	1

练习48答案

6	1	3	2	4	5
5	4	2	6	1	3
4	2	6	3	5	1
3	5	1	4	6	2
2	6	5	1	3	4
1	3	4	5	2	6

练习49答案

6	4	3	2	5	1
5	1	2	4	6	3
4	3	6	5	1	2
1	2	5	6	3	4
2	6	1	3	4	5
3	5	4	1	2	6

练习50答案

二、六宫箭头数独练习题答案

3	4	6	5	2	1
5	2	1	6	3	4
6	5	3	1	4	2
4	1	2	3	5	6
1	3	4	2	6	5
2	6	5	4	1	3

练习1答案

1	5	3	4	2	6
6	2	4	1	3	5
2	6	1	3	5	4
4	3	5	2	6	1
3	4	6	5	1	2
5	1	2	6	4	3

练习2答案

5	2	6	1	4	3
3	1	4	5	2	6
2	6	5	3	1	4
4	3	1	6	5	2
1	4	3	2	6	5
6	5	2	4	3	1

练习3答案

6	2	5	1	4	3
1	4	3	2	6	5
5	3	4	6	2	1
2	6	1	5	3	4
3	1	2	4	5	6
4	5	6	3	1	2

练习4答案

3	6	5	2	4	1
2	4	1	6	3	5
4	2	6	5	1	3
1	5	3	4	6	2
6	1	2	3	5	4
5	3	4	1	2	6

练习5答案

2	3	4	6	5	1
6	1	5	3	4	2
4	5	3	2	1	6
1	2	6	5	3	4
3	6	1	4	2	5
5	4	2	1	6	3

练习6答案

3	1	4	5	6	2
5	2	6	3	1	4
6	4	2	1	3	5
1	5	3	2	4	6
4	3	5	6	2	1
2	6	1	4	5	3

练习7答案

5	4	6	2	1	3
2	1	3	4	5	6
6	3	2	1	4	5
4	5	1	6	3	2
3	6	4	5	2	1
1	2	5	3	6	4

练习8答案

3	5	4	1	2	6
6	2	1	5	3	4
4	3	5	6	1	2
2	1	6	4	5	3
1	4	3	2	6	5
5	6	2	3	4	1

练习9答案

3	1	5	2	4	6
6	2	4	1	5	3
5	3	6	4	1	2
2	4	1	3	6	5
4	6	3	5	2	1
1	5	2	6	3	4

练习10答案

4	1	2	5	6	3
3	6	5	4	1	2
5	4	1	3	2	6
2	3	6	1	5	4
1	2	3	6	4	5
6	5	4	2	3	1

练习11答案

5	4	6	3	1	2
1	2	3	4	6	5
2	3	1	5	4	6
6	5	4	2	3	1
4	6	5	1	2	3
3	1	2	6	5	4

练习12答案

6	2	5	4	1	3
1	3	4	6	5	2
2	4	1	5	3	6
3	5	6	1	2	4
5	6	3	2	4	1
4	1	2	3	6	5

练习13答案

4	3	5	2	6	1
6	1	2	5	3	4
5	2	6	1	4	3
1	4	3	6	2	5
2	5	4	3	1	6
3	6	1	4	5	2

练习14答案

2	3	1	6	5	4
6	5	4	2	1	3
1	6	5	3	4	2
4	2	3	1	6	5
5	1	2	4	3	6
3	4	6	5	2	1

练习15答案

5	3	2	6	4	1
4	6	1	3	5	2
1	4	3	2	6	5
2	5	6	1	3	4
3	1	4	5	2	6
6	2	5	4	1	3

练习16答案

3	1	6	2	5	4
4	2	5	6	1	3
6	5	2	4	3	1
1	3	4	5	6	2
2	6	3	1	4	5
5	4	1	3	2	6

练习17答案

2	3	5	6	1	4
1	6	4	3	2	5
6	5	2	1	4	3
3	4	1	2	5	6
4	1	3	5	6	2
5	2	6	4	3	1

练习18答案

4	2	6	1	3	5
1	3	5	4	2	6
2	6	1	3	5	4
3	5	4	2	6	1
5	4	3	6	1	2
6	1	2	5	4	3

练习19答案

3	2	4	1	5	6
6	1	5	4	2	3
1	5	6	3	4	2
4	3	2	5	6	1
5	6	1	2	3	4
2	4	3	6	1	5

练习20答案

3	1	6	5	4	2
5	4	2	3	6	1
4	2	3	1	5	6
1	6	5	4	2	3
2	5	1	6	3	4
6	3	4	2	1	5

练习21答案

4	2	6	1	5	3
3	1	5	6	4	2
5	4	3	2	6	1
1	6	2	4	3	5
2	5	4	3	1	6
6	3	1	5	2	4

练习22答案

1	5	4	2	3	6
2	6	3	5	1	4
5	3	6	1	4	2
4	1	2	3	6	5
6	2	1	4	5	3
3	4	5	6	2	1

练习23答案

6	1	2	3	5	4
4	5	3	1	6	2
5	3	6	2	4	1
2	4	1	5	3	6
3	2	4	6	1	5
1	6	5	4	2	3

练习24答案

2	6	1	4	5	3
4	5	3	6	1	2
5	1	2	3	6	4
3	4	6	1	2	5
6	3	5	2	4	1
1	2	4	5	3	6

练习25答案

2	5	1	3	4	6
4	6	3	2	5	1
1	2	6	5	3	4
5	3	4	6	1	2
3	1	2	4	6	5
6	4	5	1	2	3

练习26答案

5	3	2	6	4	1
6	1	4	5	3	2
3	2	1	4	5	6
4	6	5	1	2	3
2	4	6	3	1	5
1	5	3	2	6	4

练习27答案

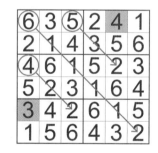

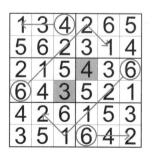

4	1	2	5	6	3
6	3	5	1	2	4
2	4	1	6	3	5
3	5	6	2	4	1
5	2	3	4	1	6
1	6	4	3	5	2

练习28答案

3	4	6	2	5	1
5	1	2	4	6	3
1	2	5	3	4	6
6	3	4	5	1	2
4	6	3	1	2	5
2	5	1	6	3	4

练习29答案

4	1	6	5	3	2
3	5	2	1	4	6
5	2	4	3	6	1
1	6	3	4	2	5
6	3	1	2	5	4
2	4	5	6	1	3

练习30答案

2	3	6	5	4	1
5	1	4	2	3	6
4	6	1	3	2	5
3	2	5	1	6	4
6	5	2	4	1	3
1	4	3	6	5	2

练习31答案

6	3	5	2	4	1
2	1	4	3	5	6
4	6	1	5	2	3
5	2	3	1	6	4
3	4	2	6	1	5
1	5	6	4	3	2

练习32答案

5	2	3	6	4	1
4	1	6	2	3	5
2	5	1	4	6	3
3	6	4	1	5	2
6	3	2	5	1	4
1	4	5	3	2	6

练习33答案

1	4	6	5	2	3
5	3	2	1	6	4
6	5	3	4	1	2
2	1	4	3	5	6
4	6	1	2	3	5
3	2	5	6	4	1

练习34答案

1	3	4	2	6	5
5	6	2	3	1	4
2	1	5	4	3	6
6	4	3	5	2	1
4	2	6	1	5	3
3	5	1	6	4	2

练习35答案

1	2	6	3	5	4
3	4	5	2	1	6
2	6	1	4	3	5
5	3	4	1	6	2
6	1	2	5	4	3
4	5	3	6	2	1

练习36答案

1	2	5	4	6	3
4	3	6	1	5	2
6	4	2	3	1	5
5	1	3	2	4	6
2	5	1	6	3	4
3	6	4	5	2	1

练习37答案

6	5	1	3	4	2
4	2	3	1	6	5
3	4	6	5	2	1
2	1	5	6	3	4
5	3	2	4	1	6
1	6	4	2	5	3

练习38答案

6	3	5	4	2	1
4	1	2	3	5	6
5	6	3	1	4	2
2	4	1	5	6	3
3	2	4	6	1	5
1	5	6	2	3	4

练习39答案

1	3	5	2	6	4
4	2	6	1	3	5
6	4	2	5	1	3
5	1	3	4	2	6
3	5	1	6	4	2
2	6	4	3	5	1

练习40答案

3	1	2	6	5	4
6	4	5	3	2	1
2	6	3	4	1	5
4	5	1	2	3	6
5	2	4	1	6	3
1	3	6	5	4	2

练习41答案

1	4	5	2	3	6
2	6	3	1	4	5
6	3	2	5	1	4
5	1	4	3	6	2
4	5	1	6	2	3
3	2	6	4	5	1

练习42答案

5	4	6	2	1	3
2	3	1	5	4	6
3	6	4	1	2	5
1	5	2	3	6	4
4	2	3	6	5	1
6	1	5	4	3	2

练习43答案

1	5	4	2	3	6
3	2	6	1	5	4
2	4	3	6	1	5
6	1	5	3	4	2
4	6	1	5	2	3
5	3	2	4	6	1

练习44答案

2	4	3	5	6	1
5	1	6	2	3	4
6	5	1	4	2	3
3	2	4	1	5	6
4	3	2	6	1	5
1	6	5	3	4	2

练习45答案

6 5 3 ④ 1 2
1 ② 4 ⑥ 5 3
2 1 ⑥ 3 ④ 5
3 ④ 5 ② 6 1
5 6 2 1 3 4
4 3 ① 5 2 6

练习46答案

5 6 4 3 ② 1
2 3 1 5 4 6
4 2 ⑤ 1 ⑥ 3
3 1 6 4 5 2
6 4 3 2 1 5
1 ⑤ 2 ⑥ 3 4

练习47答案

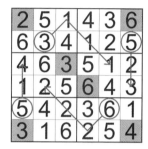

2 5 1 4 3 6
6 ③ 4 1 2 ⑤
4 6 3 5 1 2
1 2 5 6 4 3
⑤ 4 2 3 ⑥ 1
3 1 6 2 5 4

练习48答案

2 4 5 6 ③ 1
1 3 6 4 2 ⑤
⑤ 6 ④ 2 1 3
3 1 2 ⑤ 4 ⑥
4 5 3 1 6 2
6 ② 1 3 5 4

练习49答案

4 5 2 6 3 1
6 ③ 1 2 5 4
5 6 ④ 3 1 2
1 2 3 ⑤ 4 6
2 4 5 1 ⑥ 3
3 1 6 4 2 5

练习50答案

三、六宫无缘数独练习题答案

4	1	3	5	6	2
2	5	6	4	3	1
3	4	2	1	5	6
1	6	5	3	2	4
5	2	4	6	1	3
6	3	1	2	4	5

练习1答案

6	5	3	1	2	4
2	1	4	5	3	6
5	3	2	6	4	1
4	6	1	3	5	2
1	2	5	4	6	3
3	4	6	2	1	5

练习2答案

2	1	4	5	3	6
6	5	3	1	4	2
1	4	2	6	5	3
3	6	5	4	2	1
5	2	1	3	6	4
4	3	6	2	1	5

练习3答案

1	6	2	3	5	4
3	4	5	1	6	2
5	2	6	4	3	1
4	1	3	5	2	6
2	5	4	6	1	3
6	3	1	2	4	5

练习4答案

6	3	5	2	1	4
1	2	4	6	5	3
4	5	3	1	2	6
2	1	6	4	3	5
3	4	2	5	6	1
5	6	1	3	4	2

练习5答案

4	3	5	2	6	1
2	6	1	4	5	3
5	4	2	3	1	6
3	1	6	5	2	4
6	2	4	1	3	5
1	5	3	6	4	2

练习6答案

2	5	6	1	3	4
1	4	3	2	6	5
6	2	1	5	4	3
5	3	4	6	1	2
4	1	2	3	5	6
3	6	5	4	2	1

练习7答案

1	2	5	4	3	6
3	4	6	2	1	5
2	1	3	5	6	4
5	6	4	1	2	3
4	3	2	6	5	1
6	5	1	3	4	2

练习8答案

1	3	2	4	5	6
6	4	5	3	1	2
5	2	1	6	4	3
3	6	4	5	2	1
2	5	3	1	6	4
4	1	6	2	3	5

练习9答案

1	6	5	2	4	3
2	3	4	6	5	1
4	5	1	3	2	6
3	2	6	5	1	4
5	1	3	4	6	2
6	4	2	1	3	5

练习10答案

4	6	2	1	5	3
1	5	3	6	4	2
3	2	4	5	1	6
5	1	6	2	3	4
2	3	5	4	6	1
6	4	1	3	2	5

练习11答案

2	1	4	5	6	3
3	5	6	1	2	4
6	2	3	4	5	1
5	4	1	2	3	6
1	3	5	6	4	2
4	6	2	3	1	5

练习12答案

1	3	5	2	4	6
2	6	4	1	3	5
5	1	3	6	2	4
6	4	2	5	1	3
3	5	1	4	6	2
4	2	6	3	5	1

练习13答案

5	2	3	1	6	4
4	1	6	5	3	2
3	5	2	4	1	6
6	4	1	3	2	5
2	3	5	6	4	1
1	6	4	2	5	3

练习14答案

5	6	4	1	2	3
1	3	2	5	6	4
2	4	6	3	1	5
3	5	1	2	4	6
4	2	3	6	5	1
6	1	5	4	3	2

练习15答案

2	6	1	4	3	5
4	3	5	2	6	1
1	2	6	3	5	4
3	5	4	1	2	6
6	1	2	5	4	3
5	4	3	6	1	2

练习16答案

2	6	1	3	5	4
3	5	4	2	1	6
1	2	6	5	4	3
5	4	3	1	6	2
6	1	2	4	3	5
4	3	5	6	2	1

练习17答案

2	3	5	4	1	6
4	6	1	3	5	2
3	5	4	2	6	1
1	2	6	5	3	4
6	4	3	1	2	5
5	1	2	6	4	3

练习18答案

```
6 2 5 3 4 1
1 3 4 2 6 5
4 5 6 1 3 2
2 1 3 4 5 6
5 4 2 6 1 3
3 6 1 5 2 4
```
练习19答案

```
3 5 4 6 2 1
6 1 2 3 4 5
2 4 6 5 1 3
5 3 1 2 6 4
1 6 5 4 3 2
4 2 3 1 5 6
```
练习20答案

```
4 1 5 3 2 6
2 3 6 1 5 4
1 5 2 4 6 3
6 4 3 5 1 2
3 2 1 6 4 5
5 6 4 2 3 1
```
练习21答案

```
4 3 2 1 6 5
1 5 6 3 4 2
6 2 4 5 1 3
5 1 3 6 2 4
2 6 5 4 3 1
3 4 1 2 5 6
```
练习22答案

```
3 6 5 1 2 4
1 4 2 6 3 5
2 5 3 4 1 6
4 1 6 2 5 3
5 2 4 3 6 1
6 3 1 5 4 2
```
练习23答案

```
2 3 1 4 5 6
6 4 5 2 1 3
1 2 6 3 4 5
3 5 4 1 6 2
4 6 2 5 3 1
5 1 3 6 2 4
```
练习24答案

```
1 3 2 5 6 4
4 5 6 1 2 3
2 1 4 3 5 6
3 6 5 2 4 1
5 4 1 6 3 2
6 2 3 4 1 5
```
练习25答案

```
4 6 3 5 2 1
1 5 2 4 3 6
3 4 1 6 5 2
6 2 5 3 1 4
5 1 4 2 6 3
2 3 6 1 4 5
```
练习26答案

```
3 4 2 5 1 6
1 5 6 3 2 4
2 3 1 4 6 5
4 6 5 2 3 1
5 1 3 6 4 2
6 2 4 1 5 3
```
练习27答案

5	2	6	3	4	1
3	1	4	2	5	6
4	6	5	1	3	2
1	3	2	4	6	5
6	4	1	5	2	3
2	5	3	6	1	4

练习28答案

6	1	4	5	2	3
5	2	3	6	1	4
3	6	1	4	5	2
4	5	2	3	6	1
2	3	6	1	4	5
1	4	5	2	3	6

练习29答案

2	6	1	5	3	4
5	4	3	6	2	1
3	1	2	4	5	6
4	5	6	3	1	2
1	3	4	2	6	5
6	2	5	1	4	3

练习30答案

2	3	4	6	5	1
6	1	5	2	3	4
5	4	3	1	6	2
1	2	6	5	4	3
4	5	1	3	2	6
3	6	2	4	1	5

练习31答案

1	3	6	2	5	4
2	4	5	1	6	3
6	1	3	4	2	5
4	5	2	6	3	1
3	6	1	5	4	2
5	2	4	3	1	6

练习32答案

2	1	4	3	5	6
3	6	5	1	2	4
1	4	2	6	3	5
6	5	3	4	1	2
4	2	1	5	6	3
5	3	6	2	4	1

练习33答案

5	1	6	4	3	2
3	4	2	5	1	6
2	6	1	3	4	5
4	3	5	2	6	1
6	2	4	1	5	3
1	5	3	6	2	4

练习34答案

1	2	3	6	5	4
6	4	5	1	3	2
3	1	2	4	6	5
4	5	6	3	2	1
2	3	1	5	4	6
5	6	4	2	1	3

练习35答案

2	6	1	3	5	4
3	5	4	2	6	1
6	1	3	5	4	2
5	4	2	6	1	3
1	3	5	4	2	6
4	2	6	1	3	5

练习36答案

5	1	6	2	3	4
2	4	3	5	1	6
3	6	1	4	2	5
4	5	2	3	6	1
6	3	4	1	5	2
1	2	5	6	4	3

练习37答案

2	5	6	4	3	1
4	3	1	2	6	5
1	6	5	3	4	2
3	4	2	1	5	6
5	1	3	6	2	4
6	2	4	5	1	3

练习38答案

1	5	6	4	3	2
3	4	2	5	1	6
5	6	1	3	2	4
2	3	4	6	5	1
6	1	5	2	4	3
4	2	3	1	6	5

练习39答案

6	1	4	3	5	2
3	5	2	6	1	4
4	6	1	5	2	3
5	2	3	4	6	1
1	4	6	2	3	5
2	3	5	1	4	6

练习40答案

5	3	6	1	2	4
1	4	2	3	5	6
3	6	5	4	1	2
4	2	1	6	3	5
6	5	3	2	4	1
2	1	4	5	6	3

练习41答案

3	5	6	4	2	1
2	4	1	5	3	6
5	3	2	6	1	4
6	1	4	3	5	2
4	2	5	1	6	3
1	6	3	2	4	5

练习42答案

4	5	3	6	1	2
6	1	2	4	3	5
3	4	5	1	2	6
1	2	6	3	5	4
5	3	4	2	6	1
2	6	1	5	4	3

练习43答案

1	5	6	2	4	3
2	4	3	1	6	5
6	1	2	5	3	4
5	3	4	6	2	1
4	2	1	3	5	6
3	6	5	4	1	2

练习44答案

4	6	2	1	3	5
5	1	3	6	4	2
3	2	4	5	1	6
6	5	1	3	2	4
2	3	6	4	5	1
1	4	5	2	6	3

练习45答案

2	1	6	3	4	5
3	4	5	2	1	6
5	2	1	6	3	4
6	3	4	5	2	1
4	5	2	1	6	3
1	6	3	4	5	2

练习46答案

4	1	2	5	6	3
6	5	3	1	2	4
1	2	4	6	3	5
3	6	5	2	4	1
2	4	1	3	5	6
5	3	6	4	1	2

练习47答案

6	2	3	4	1	5
5	4	1	6	2	3
2	6	5	3	4	1
3	1	4	2	5	6
4	5	6	1	3	2
1	3	2	5	6	4

练习48答案

3	2	5	6	1	4
6	1	4	3	5	2
5	3	6	2	4	1
2	4	1	5	6	3
1	6	3	4	2	5
4	5	2	1	3	6

练习49答案

4	5	6	1	2	3
3	1	2	4	6	5
6	4	3	5	1	2
5	2	1	6	3	4
1	3	4	2	5	6
2	6	5	3	4	1

练习50答案

1	6	3	2	4	7	5
2	3	7	5	6	4	1
4	7	2	1	5	6	3
5	4	1	6	7	3	2
7	5	4	3	2	1	6
6	1	5	7	3	2	4
3	2	6	4	1	5	7

练习1答案

3	5	2	6	1	7	4
7	2	6	5	3	4	1
4	1	5	7	6	2	3
1	7	3	4	2	5	6
5	3	4	1	7	6	2
2	6	7	3	4	1	5
6	4	1	2	5	3	7

练习2答案

4	6	3	1	5	7	2
6	5	2	7	1	3	4
5	3	1	2	7	4	6
2	1	7	5	4	6	3
1	7	4	3	6	2	5
7	2	6	4	3	5	1
3	4	5	6	2	1	7

练习3答案

2	1	5	6	7	4	3
3	5	7	2	4	6	1
1	4	6	3	2	7	5
4	6	3	7	5	1	2
6	3	4	5	1	2	7
7	2	1	4	3	5	6
5	7	2	1	6	3	4

练习4答案

3	7	4	5	6	2	1
5	2	3	6	1	4	7
7	1	6	2	4	3	5
4	6	1	3	7	5	2
6	3	5	7	2	1	4
1	5	2	4	3	7	6
2	4	7	1	5	6	3

练习5答案

2	6	1	5	3	7	4
4	7	6	3	5	1	2
7	2	3	1	4	5	6
3	1	5	4	2	6	7
1	5	4	6	7	2	3
6	3	7	2	1	4	5
5	4	2	7	6	3	1

练习6答案

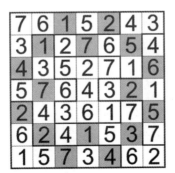

5	4	7	6	3	2	1
7	6	2	3	1	4	5
3	2	4	1	5	6	7
1	5	6	7	2	3	4
2	3	5	4	7	1	6
4	7	1	2	6	5	3
6	1	3	5	4	7	2

练习7答案

6	2	4	1	3	5	7
3	7	5	6	1	2	4
7	6	1	5	4	3	2
4	1	2	3	7	6	5
2	5	3	7	6	4	1
5	3	7	4	2	1	6
1	4	6	2	5	7	3

练习8答案

3	5	6	1	7	4	2
7	6	2	4	5	3	1
1	3	4	5	2	6	7
5	7	1	6	4	2	3
4	2	3	7	1	5	6
2	4	7	3	6	1	5
6	1	5	2	3	7	4

练习9答案

4	3	6	7	5	1	2
6	5	2	3	1	4	7
7	1	5	2	4	3	6
2	6	4	1	7	5	3
5	2	3	4	6	7	1
1	4	7	6	3	2	5
3	7	1	5	2	6	4

练习10答案

7	6	1	5	2	4	3
3	1	2	7	6	5	4
4	3	5	2	7	1	6
5	7	6	4	3	2	1
2	4	3	6	1	7	5
6	2	4	1	5	3	7
1	5	7	3	4	6	2

练习11答案

3	6	1	4	7	5	2
4	5	2	7	1	6	3
7	2	6	3	5	1	4
5	7	3	1	4	2	6
6	3	7	5	2	4	1
1	4	5	2	6	3	7
2	1	4	6	3	7	5

练习12答案

1	2	5	3	7	4	6
6	7	2	1	4	3	5
4	5	3	6	1	7	2
3	4	7	5	6	2	1
5	1	4	7	2	6	3
2	6	1	4	3	5	7
7	3	6	2	5	1	4

练习13答案

5	3	1	6	2	4	7
3	4	6	7	5	2	1
7	1	2	4	6	3	5
2	5	4	3	7	1	6
6	2	3	5	1	7	4
1	7	5	2	4	6	3
4	6	7	1	3	5	2

练习14答案

3	4	2	1	5	6	7
2	6	5	7	4	1	3
6	7	1	4	3	2	5
7	2	3	5	1	4	6
5	1	4	3	6	7	2
1	3	7	6	2	5	4
4	5	6	2	7	3	1

练习15答案

1	7	4	6	2	3	5
6	4	3	5	1	7	2
5	3	2	1	7	6	4
2	5	7	3	4	1	6
3	2	1	4	6	5	7
7	6	5	2	3	4	1
4	1	6	7	5	2	3

练习16答案

2	5	7	4	6	3	1
3	7	1	6	4	5	2
1	4	6	5	3	2	7
6	3	5	2	7	1	4
7	1	2	3	5	4	6
5	2	4	7	1	6	3
4	6	3	1	2	7	5

练习17答案

3	6	2	7	1	5	4
6	2	4	1	7	3	5
2	1	7	4	5	6	3
5	3	1	6	4	2	7
7	5	3	2	6	4	1
4	7	5	3	2	1	6
1	4	6	5	3	7	2

练习18答案

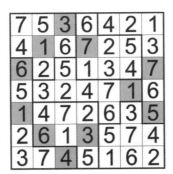

6	4	3	1	5	2	7
4	7	2	6	3	5	1
2	3	5	7	1	4	6
5	1	7	4	6	3	2
7	5	6	2	4	1	3
1	6	4	3	2	7	5
3	2	1	5	7	6	4

练习19答案

5	2	4	7	1	6	3
6	3	5	4	2	1	7
7	4	3	1	6	2	5
1	5	7	6	3	4	2
3	1	6	2	7	5	4
2	7	1	5	4	3	6
4	6	2	3	5	7	1

练习20答案

5	6	1	7	3	2	4
7	2	4	3	6	1	5
4	3	2	6	5	7	1
6	1	7	4	2	5	3
2	5	3	1	7	4	6
3	4	5	2	1	6	7
1	7	6	5	4	3	2

练习21答案

3	6	1	7	5	4	2
2	7	6	4	3	5	1
1	4	5	3	2	7	6
4	5	2	6	7	1	3
6	2	7	5	1	3	4
5	3	4	1	6	2	7
7	1	3	2	4	6	5

练习22答案

7	5	3	6	4	2	1
4	1	6	7	2	5	3
6	2	5	1	3	4	7
5	3	2	4	7	1	6
1	4	7	2	6	3	5
2	6	1	3	5	7	4
3	7	4	5	1	6	2

练习23答案

4	2	1	5	6	3	7
5	3	7	2	1	4	6
6	7	4	3	5	2	1
3	1	6	7	4	5	2
2	5	3	1	7	6	4
7	4	2	6	3	1	5
1	6	5	4	2	7	3

练习24答案

6	1	2	5	4	3	7
4	7	5	1	3	2	6
7	2	3	6	1	5	4
5	6	4	3	2	7	1
2	3	6	4	7	1	5
1	4	7	2	5	6	3
3	5	1	7	6	4	2

练习25答案

5	6	2	3	1	7	4
7	5	6	4	2	1	3
3	4	7	2	6	5	1
1	2	3	7	4	6	5
4	1	5	6	7	3	2
6	3	4	1	5	2	7
2	7	1	5	3	4	6

练习26答案

3	2	6	7	5	1	4
7	4	2	3	6	5	1
6	1	3	4	7	2	5
2	5	1	6	4	7	3
4	6	5	1	2	3	7
1	7	4	5	3	6	2
5	3	7	2	1	4	6

练习27答案

3	2	6	5	1	7	4
5	7	4	1	6	3	2
4	5	1	6	7	2	3
6	3	7	4	2	5	1
2	1	3	7	4	6	5
1	6	2	3	5	4	7
7	4	5	2	3	1	6

练习28答案

3	5	6	1	2	4	7
2	3	4	7	5	1	6
5	1	7	6	3	2	4
7	6	2	4	1	3	5
4	2	3	5	6	7	1
1	4	5	3	7	6	2
6	7	1	2	4	5	3

练习29答案

7	3	4	5	6	2	1
5	6	2	1	4	7	3
3	2	7	4	1	6	5
4	1	6	2	5	3	7
6	5	1	7	3	4	2
1	7	3	6	2	5	4
2	4	5	3	7	1	6

练习30答案

5	3	7	4	6	1	2
6	2	1	3	7	4	5
7	6	2	5	1	3	4
1	7	4	2	3	5	6
4	5	3	1	2	6	7
2	1	5	6	4	7	3
3	4	6	7	5	2	1

练习31答案

3	6	5	2	1	7	4
7	4	6	1	2	5	3
4	1	3	5	6	2	7
1	7	2	3	4	6	5
5	2	4	7	3	1	6
2	3	7	6	5	4	1
6	5	1	4	7	3	2

练习32答案

2	6	1	3	5	4	7
5	4	3	7	6	1	2
7	5	4	1	3	2	6
3	1	2	6	7	5	4
4	3	7	5	2	6	1
6	2	5	4	1	7	3
1	7	6	2	4	3	5

练习33答案

1	6	3	5	7	4	2
5	4	7	6	1	2	3
6	2	1	4	3	7	5
2	7	5	3	4	1	6
7	3	4	2	5	6	1
3	1	2	7	6	5	4
4	5	6	1	2	3	7

练习34答案

7	1	3	6	4	2	5
3	4	2	7	1	5	6
4	6	5	2	3	7	1
6	2	1	5	7	4	3
1	7	4	3	5	6	2
5	3	6	4	2	1	7
2	5	7	1	6	3	4

练习35答案

3	4	6	2	1	5	7
2	1	7	3	5	6	4
6	7	4	5	2	1	3
5	3	1	4	6	7	2
1	6	3	7	4	2	5
4	2	5	1	7	3	6
7	5	2	6	3	4	1

练习36答案

3	1	4	6	7	2	5
2	5	7	4	3	6	1
6	2	5	7	4	1	3
5	3	1	2	6	4	7
7	4	6	3	1	5	2
4	7	2	1	5	3	6
1	6	3	5	2	7	4

练习37答案

4	5	2	3	6	1	7
1	3	7	5	4	2	6
6	7	1	2	3	4	5
7	2	5	4	1	6	3
5	4	6	7	2	3	1
2	6	3	1	7	5	4
3	1	4	6	5	7	2

练习38答案

3	1	2	4	6	5	7
4	7	6	2	3	1	5
6	5	1	7	2	4	3
5	3	4	1	7	6	2
2	6	3	5	4	7	1
7	4	5	3	1	2	6
1	2	7	6	5	3	4

练习39答案

2	6	1	5	7	4	3
4	1	5	3	2	6	7
6	7	4	2	3	1	5
5	3	7	1	6	2	4
3	4	2	6	5	7	1
7	2	3	4	1	5	6
1	5	6	7	4	3	2

练习40答案

3	1	4	6	7	5	2
7	4	2	5	6	3	1
1	3	5	2	4	7	6
5	2	6	3	1	4	7
6	5	3	7	2	1	4
2	7	1	4	3	6	5
4	6	7	1	5	2	3

练习41答案

5	6	1	4	3	7	2
6	2	7	5	1	4	3
7	1	3	2	4	6	5
3	4	5	6	2	1	7
1	3	4	7	5	2	6
2	5	6	1	7	3	4
4	7	2	3	6	5	1

练习42答案

1	5	2	3	6	4	7
4	1	5	7	3	6	2
2	3	7	4	1	5	6
3	6	4	1	7	2	5
7	2	1	6	5	3	4
6	4	3	5	2	7	1
5	7	6	2	4	1	3

练习43答案

6	1	7	5	3	4	2
4	2	3	7	1	6	5
3	6	5	1	2	7	4
7	3	4	2	5	1	6
1	5	2	6	4	3	7
5	4	6	3	7	2	1
2	7	1	4	6	5	3

练习44答案

4	3	1	6	7	2	5
6	7	5	3	2	4	1
5	2	7	4	1	6	3
2	1	6	5	3	7	4
3	5	2	7	4	1	6
1	6	4	2	5	3	7
7	4	3	1	6	5	2

练习45答案

7	4	5	3	6	2	1
6	1	4	7	2	3	5
1	2	3	5	7	6	4
2	5	1	6	3	4	7
5	6	2	4	1	7	3
4	3	7	2	5	1	6
3	7	6	1	4	5	2

练习46答案

1	4	6	5	3	2	7
2	3	5	7	6	4	1
4	5	7	3	1	6	2
3	7	1	6	2	5	4
6	2	4	1	5	7	3
5	1	2	4	7	3	6
7	6	3	2	4	1	5

练习47答案

6	1	4	5	2	7	3
5	6	2	7	4	3	1
1	7	3	6	5	2	4
2	3	5	1	7	4	6
4	5	1	2	3	6	7
7	4	6	3	1	5	2
3	2	7	4	6	1	5

练习48答案

1	6	2	5	7	3	4
5	3	4	7	1	2	6
7	2	3	4	6	1	5
4	1	6	3	2	5	7
2	5	7	1	4	6	3
6	7	5	2	3	4	1
3	4	1	6	5	7	2

练习49答案

1	2	3	4	5	6	7
4	5	7	6	1	3	2
3	6	2	1	4	7	5
7	1	6	5	2	4	3
5	3	4	7	6	2	1
2	4	5	3	7	1	6
6	7	1	2	3	5	4

练习50答案

五、九宫对角线数独练习题答案

7	8	4	1	3	2	6	9	5
2	3	1	5	9	6	8	7	4
6	9	5	7	8	4	3	1	2
4	2	6	9	5	8	7	3	1
9	1	7	4	2	3	5	6	8
3	5	8	6	7	1	2	4	9
8	6	9	2	1	7	4	5	3
5	4	2	3	6	9	1	8	7
1	7	3	8	4	5	9	2	6

练习1答案

1	7	6	9	2	3	8	5	4
5	2	4	6	8	1	3	7	9
8	9	3	5	4	7	1	2	6
2	3	9	7	1	8	4	6	5
7	4	1	2	5	6	9	8	3
6	8	5	3	9	4	7	1	2
3	5	2	8	7	9	6	4	1
4	6	8	1	3	2	5	9	7
9	1	7	4	6	5	2	3	8

练习2答案

8	3	5	6	4	1	2	7	9
6	1	4	7	2	9	8	3	5
7	9	2	5	3	8	6	4	1
2	5	8	4	1	7	9	6	3
1	6	9	3	5	2	7	8	4
3	4	7	8	9	6	5	1	2
9	7	1	2	8	4	3	5	6
5	2	6	1	7	3	4	9	8
4	8	3	9	6	5	1	2	7

练习3答案

7	8	9	2	6	3	5	4	1
5	4	6	9	8	1	3	2	7
1	3	2	7	5	4	6	8	9
4	1	8	6	3	7	9	5	2
6	7	5	4	9	2	8	1	3
9	2	3	8	1	5	7	6	4
2	6	4	3	7	8	1	9	5
8	5	7	1	2	9	4	3	6
3	9	1	5	4	6	2	7	8

练习4答案

7	4	8	5	9	1	6	2	3
2	1	5	6	3	4	7	8	9
3	9	6	2	8	7	1	4	5
9	7	2	8	6	5	3	1	4
8	5	1	3	4	2	9	6	7
4	6	3	7	1	9	2	5	8
1	8	9	4	2	3	5	7	6
5	2	4	9	7	6	8	3	1
6	3	7	1	5	8	4	9	2

练习5答案

4	2	6	1	3	5	9	7	8
1	8	7	4	6	9	2	3	5
3	9	5	8	7	2	4	6	1
7	3	1	9	4	6	8	5	2
2	5	9	7	1	8	6	4	3
6	4	8	5	2	3	1	9	7
5	6	2	3	8	4	7	1	9
8	7	3	6	9	1	5	2	4
9	1	4	2	5	7	3	8	6

练习6答案

1	4	5	3	9	7	8	6	2
7	8	9	5	6	2	3	1	4
2	6	3	1	8	4	9	5	7
4	9	8	6	1	5	2	7	3
6	1	2	8	7	3	5	4	9
3	5	7	4	2	9	6	8	1
9	2	6	7	5	1	4	3	8
5	3	1	9	4	8	7	2	6
8	7	4	2	3	6	1	9	5

练习7答案

5	3	1	6	7	4	8	2	9
9	6	4	8	1	2	5	7	3
2	8	7	3	9	5	6	4	1
7	4	3	1	6	8	2	9	5
1	9	8	5	2	7	4	3	6
6	5	2	4	3	9	7	1	8
8	7	5	9	4	1	3	6	2
4	1	6	2	5	3	9	8	7
3	2	9	7	8	6	1	5	4

练习8答案

8	7	9	1	2	5	6	4	3
5	4	6	3	9	8	7	2	1
1	2	3	7	4	6	5	9	8
9	1	2	6	5	4	8	3	7
3	6	8	9	7	1	2	5	4
7	5	4	8	3	2	1	6	9
4	8	1	5	6	3	9	7	2
2	9	5	4	8	7	3	1	6
6	3	7	2	1	9	4	8	5

练习9答案

6	1	8	2	7	4	9	3	5
5	3	7	9	8	6	1	4	2
4	2	9	5	3	1	8	7	6
7	8	5	4	6	2	3	9	1
3	9	2	8	1	7	6	5	4
1	6	4	3	9	5	7	2	8
8	4	6	7	5	9	2	1	3
2	7	1	6	4	3	5	8	9
9	5	3	1	2	8	4	6	7

练习10答案

2	8	6	5	1	7	3	4	9
9	1	3	6	8	4	2	5	7
4	5	7	2	9	3	8	6	1
1	7	4	9	3	2	5	8	6
5	3	2	8	6	1	7	9	4
6	9	8	7	4	5	1	2	3
8	6	1	3	2	9	4	7	5
7	4	9	1	5	8	6	3	2
3	2	5	4	7	6	9	1	8

练习11答案

3	2	4	6	9	5	1	7	8
5	7	8	2	3	1	4	6	9
6	1	9	8	7	4	3	2	5
9	6	3	1	4	2	5	8	7
2	8	7	3	5	9	6	1	4
1	4	5	7	6	8	9	3	2
7	5	1	4	8	6	2	9	3
8	9	6	5	2	3	7	4	1
4	3	2	9	1	7	8	5	6

练习12答案

2	7	3	8	1	5	9	6	4
9	4	1	7	6	2	5	8	3
5	8	6	4	9	3	1	7	2
3	6	7	1	8	9	4	2	5
8	2	9	3	5	4	7	1	6
4	1	5	6	2	7	8	3	9
6	5	2	9	7	8	3	4	1
1	3	8	5	4	6	2	9	7
7	9	4	2	3	1	6	5	8

练习13答案

4	3	1	9	5	8	6	7	2
2	7	8	6	3	4	1	5	9
5	9	6	2	7	1	8	4	3
6	5	9	3	2	7	4	1	8
1	4	7	8	9	6	3	2	5
8	2	3	1	4	5	9	6	7
7	1	4	5	8	9	2	3	6
9	6	2	7	1	3	5	8	4
3	8	5	4	6	2	7	9	1

练习14答案

2	5	6	7	3	8	4	1	9
1	4	3	9	2	6	5	8	7
7	8	9	4	5	1	6	2	3
6	2	7	1	9	4	3	5	8
5	9	1	8	7	3	2	6	4
4	3	8	2	6	5	9	7	1
9	6	5	3	1	7	8	4	2
8	1	2	6	4	9	7	3	5
3	7	4	5	8	2	1	9	6

练习15答案

6	8	7	4	3	1	9	2	5
4	1	5	6	2	9	8	7	3
2	9	3	8	5	7	6	4	1
9	6	2	5	7	4	3	1	8
7	3	1	9	8	6	2	5	4
8	5	4	3	1	2	7	6	9
5	7	9	1	6	3	4	8	2
3	2	8	7	4	5	1	9	6
1	4	6	2	9	8	5	3	7

练习16答案

5	3	1	8	6	4	9	2	7
7	8	2	9	1	5	4	6	3
6	9	4	3	7	2	8	5	1
2	7	8	6	5	9	3	1	4
4	1	9	2	3	7	5	8	6
3	5	6	4	8	1	2	7	9
9	6	5	1	2	3	7	4	8
8	2	3	7	4	6	1	9	5
1	4	7	5	9	8	6	3	2

练习17答案

2	8	1	7	9	5	3	6	4
4	7	6	3	2	1	8	5	9
9	3	5	8	4	6	7	1	2
6	5	3	9	1	2	4	7	8
7	4	2	5	3	8	1	9	6
1	9	8	6	7	4	2	3	5
5	2	9	1	8	7	6	4	3
3	1	4	2	6	9	5	8	7
8	6	7	4	5	3	9	2	1

练习18答案

6	9	3	2	5	7	1	8	4
5	4	8	1	6	9	7	3	2
7	2	1	4	8	3	5	9	6
8	7	5	3	2	1	4	6	9
2	6	9	5	7	4	3	1	8
3	1	4	6	9	8	2	5	7
1	5	2	8	4	6	9	7	3
4	8	7	9	3	5	6	2	1
9	3	6	7	1	2	8	4	5

练习19答案

3	5	1	4	6	2	7	8	9
6	2	7	8	3	9	5	1	4
4	8	9	7	5	1	3	6	2
8	9	3	5	1	6	4	2	7
7	4	2	9	8	3	6	5	1
1	6	5	2	4	7	9	3	8
2	3	4	6	9	8	1	7	5
9	7	6	1	2	5	8	4	3
5	1	8	3	7	4	2	9	6

练20答案

2	3	4	1	7	6	5	8	9
6	9	5	8	3	4	1	7	2
7	1	8	5	9	2	3	6	4
9	5	6	3	2	8	7	4	1
4	8	7	9	5	1	6	2	3
3	2	1	4	6	7	8	9	5
5	7	2	6	1	9	4	3	8
8	6	3	2	4	5	9	1	7
1	4	9	7	8	3	2	5	6

练习21答案

7	4	5	6	8	9	1	3	2
3	6	1	5	2	4	7	8	9
8	9	2	7	3	1	6	4	5
5	3	9	1	6	7	8	2	4
4	8	6	2	5	3	9	7	1
1	2	7	4	9	8	3	5	6
2	5	3	9	7	6	4	1	8
6	1	8	3	4	5	2	9	7
9	7	4	8	1	2	5	6	3

练习22答案

1	7	6	8	2	3	9	5	4
9	8	2	5	4	1	3	6	7
3	4	5	6	7	9	8	2	1
7	9	1	2	8	5	4	3	6
5	2	3	4	9	6	7	1	8
8	6	4	1	3	7	5	9	2
4	1	7	3	5	2	6	8	9
6	3	9	7	1	8	2	4	5
2	5	8	9	6	4	1	7	3

练习23答案

5	8	2	6	4	3	9	7	1
1	9	6	8	5	7	3	4	2
4	7	3	2	1	9	6	5	8
3	5	9	4	8	2	1	6	7
8	4	1	9	7	6	5	2	3
6	2	7	5	3	1	8	9	4
7	6	8	3	9	4	2	1	5
2	3	4	1	6	5	7	8	9
9	1	5	7	2	8	4	3	6

练习24答案

9	5	2	6	7	1	4	8	3
1	8	4	9	5	3	2	6	7
3	6	7	4	8	2	1	5	9
8	2	3	1	6	7	5	9	4
7	4	5	8	2	9	3	1	6
6	1	9	5	3	4	7	2	8
2	7	8	3	9	5	6	4	1
5	9	1	7	4	6	8	3	2
4	3	6	2	1	8	9	7	5

练习25答案

3	9	4	6	1	8	5	2	7
7	1	2	5	9	3	6	4	8
8	6	5	2	7	4	1	3	9
1	4	8	7	3	5	9	6	2
6	2	9	4	8	1	3	7	5
5	7	3	9	2	6	4	8	1
9	8	6	1	4	7	2	5	3
4	3	1	8	5	2	7	9	6
2	5	7	3	6	9	8	1	4

练习26答案

5	2	4	6	9	3	1	8	7
7	9	8	1	5	4	2	6	3
3	6	1	7	8	2	4	5	9
2	3	7	8	6	1	9	4	5
6	4	9	3	2	5	8	7	1
1	8	5	9	4	7	3	2	6
4	1	3	5	7	8	6	9	2
9	5	2	4	1	6	7	3	8
8	7	6	2	3	9	5	1	4

练习27答案

7	6	1	3	9	2	8	5	4
2	3	9	5	8	4	1	6	7
5	4	8	6	7	1	3	9	2
8	1	2	4	6	5	9	7	3
9	5	4	7	2	3	6	8	1
6	7	3	8	1	9	2	4	5
4	8	7	1	3	6	5	2	9
3	9	6	2	5	7	4	1	8
1	2	5	9	4	8	7	3	6

练习28答案

9	4	1	6	7	5	3	2	8
3	7	5	4	2	8	1	6	9
8	2	6	1	3	9	4	7	5
5	1	9	3	6	7	8	4	2
2	3	7	8	5	4	9	1	6
4	6	8	2	9	1	5	3	7
7	8	3	9	4	6	2	5	1
6	9	4	5	1	2	7	8	3
1	5	2	7	8	3	6	9	4

练习29答案

9	5	3	4	2	8	7	1	6
6	4	7	5	3	1	2	8	9
2	8	1	7	9	6	4	3	5
5	1	9	8	4	2	3	6	7
8	3	2	6	7	9	1	5	4
4	7	6	3	1	5	8	9	2
3	2	5	9	8	4	6	7	1
7	9	4	1	6	3	5	2	8
1	6	8	2	5	7	9	4	3

练习30答案

6	3	5	8	9	7	4	2	1
4	8	1	3	2	6	5	7	9
9	7	2	4	1	5	6	3	8
1	9	3	5	6	2	7	8	4
5	4	7	1	3	8	2	9	6
2	6	8	9	7	4	1	5	3
7	1	4	2	8	3	9	6	5
3	5	6	7	4	9	8	1	2
8	2	9	6	5	1	3	4	7

练习31答案

6	5	2	8	3	1	7	4	9
3	4	9	6	5	7	2	8	1
8	1	7	2	9	4	5	3	6
1	6	4	3	8	2	9	5	7
5	2	3	7	1	9	4	6	8
9	7	8	4	6	5	1	2	3
4	9	6	1	2	3	8	7	5
2	3	1	5	7	8	6	9	4
7	8	5	9	4	6	3	1	2

练32答案

6	3	8	4	9	7	2	1	5
9	1	4	5	3	2	8	7	6
2	7	5	8	1	6	3	9	4
5	6	3	9	2	8	1	4	7
7	9	2	1	4	5	6	3	8
8	4	1	6	7	3	5	2	9
3	5	9	2	8	4	7	6	1
4	2	6	7	5	1	9	8	3
1	8	7	3	6	9	4	5	2

练习33答案

6	7	3	5	8	1	9	2	4
9	4	5	7	2	6	3	1	8
2	8	1	9	3	4	6	7	5
4	1	7	8	6	2	5	9	3
3	6	2	4	5	9	7	8	1
8	5	9	3	1	7	4	6	2
1	3	8	6	9	5	2	4	7
5	9	4	2	7	8	1	3	6
7	2	6	1	4	3	8	5	9

练习34答案

1	6	2	3	4	5	8	9	7
3	5	4	7	8	9	2	6	1
8	7	9	6	1	2	4	5	3
6	2	3	4	9	1	5	7	8
5	9	1	8	2	7	6	3	4
4	8	7	5	6	3	9	1	2
2	1	8	9	3	6	7	4	5
7	3	6	2	5	4	1	8	9
9	4	5	1	7	8	3	2	6

练习35答案

3	4	2	8	6	7	1	9	5
1	9	5	2	4	3	8	7	6
6	8	7	1	9	5	2	4	3
9	3	1	5	7	4	6	2	8
7	2	6	9	1	8	3	5	4
4	5	8	3	2	6	9	1	7
5	7	9	6	8	2	4	3	1
2	6	4	7	3	1	5	8	9
8	1	3	4	5	9	7	6	2

练习36答案

7	3	1	4	5	8	6	2	9
2	4	8	7	6	9	5	1	3
9	5	6	2	1	3	4	8	7
1	2	3	9	4	7	8	6	5
8	7	5	1	3	6	9	4	2
4	6	9	5	8	2	3	7	1
5	9	2	8	7	4	1	3	6
3	8	7	6	9	1	2	5	4
6	1	4	3	2	5	7	9	8

练习37答案

2	3	5	8	7	4	9	6	1
9	7	6	1	5	3	8	2	4
1	4	8	2	6	9	3	7	5
4	9	3	5	2	8	7	1	6
6	8	1	3	4	7	2	5	9
5	2	7	6	9	1	4	3	8
3	1	9	7	8	5	6	4	2
8	5	2	4	3	6	1	9	7
7	6	4	9	1	2	5	8	3

练习38答案

8	1	3	7	9	5	2	4	6
5	9	4	6	1	2	8	7	3
2	6	7	3	8	4	1	5	9
7	4	2	1	3	8	6	9	5
1	3	6	2	5	9	7	8	4
9	5	8	4	7	6	3	2	1
6	7	9	5	2	3	4	1	8
4	2	5	8	6	1	9	3	7
3	8	1	9	4	7	5	6	2

练习39答案

9	2	1	7	6	5	4	8	3
7	5	4	3	2	8	1	9	6
6	3	8	4	9	1	7	2	5
3	8	6	2	7	4	5	1	9
5	4	7	8	1	9	6	3	2
2	1	9	5	3	6	8	4	7
1	9	2	6	4	7	3	5	8
4	6	5	9	8	3	2	7	1
8	7	3	1	5	2	9	6	4

练习40答案

3	6	7	5	9	1	8	4	2
2	5	4	3	8	7	6	9	1
9	8	1	2	4	6	3	7	5
1	9	2	6	5	4	7	8	3
6	4	8	1	7	3	2	5	9
7	3	5	8	2	9	1	6	4
8	2	6	9	1	5	4	3	7
4	1	9	7	3	8	5	2	6
5	7	3	4	6	2	9	1	8

练习41答案

7	8	4	5	3	9	6	1	2
2	6	3	1	4	8	5	9	7
9	5	1	6	7	2	4	8	3
4	1	7	2	6	3	9	5	8
6	2	8	9	5	7	3	4	1
3	9	5	8	1	4	2	7	6
5	3	6	7	9	1	8	2	4
8	7	9	4	2	6	1	3	5
1	4	2	3	8	5	7	6	9

练习42答案

9	2	5	6	7	1	8	3	4
8	7	1	4	9	3	2	6	5
3	4	6	5	2	8	9	1	7
1	5	9	8	6	2	7	4	3
7	8	4	3	1	9	5	2	6
2	6	3	7	5	4	1	9	8
6	1	8	2	4	5	3	7	9
4	3	2	9	8	7	6	5	1
5	9	7	1	3	6	4	8	2

练习43答案

2	4	1	6	3	9	8	5	7
6	5	7	4	8	1	9	2	3
9	3	8	7	2	5	4	1	6
7	2	4	3	5	6	1	9	8
3	8	5	9	1	2	7	6	4
1	6	9	8	7	4	5	3	2
4	1	3	2	9	7	6	8	5
8	9	6	5	4	3	2	7	1
5	7	2	1	6	8	3	4	9

练44答案

6	2	4	3	9	1	7	5	8
3	1	9	8	5	7	6	2	4
8	5	7	4	2	6	1	9	3
1	4	8	2	6	3	5	7	9
7	9	6	1	4	5	8	3	2
5	3	2	7	8	9	4	6	1
2	8	5	9	7	4	3	1	6
4	6	1	5	3	2	9	8	7
9	7	3	6	1	8	2	4	5

练习45答案

3	9	6	7	4	1	2	8	5
5	2	1	6	9	8	7	3	4
4	7	8	2	5	3	9	1	6
8	1	9	5	3	2	4	6	7
2	4	3	9	6	7	8	5	1
6	5	7	1	8	4	3	9	2
9	6	4	3	7	5	1	2	8
1	8	5	4	2	9	6	7	3
7	3	2	8	1	6	5	4	9

练习46答案

4	3	5	9	2	8	6	7	1
8	2	6	1	7	4	5	9	3
9	1	7	3	6	5	8	2	4
7	4	9	5	1	2	3	8	6
5	6	1	8	3	9	2	4	7
2	8	3	7	4	6	1	5	9
1	7	4	2	8	3	9	6	5
3	5	8	6	9	7	4	1	2
6	9	2	4	5	1	7	3	8

练习47答案

5	8	2	3	7	1	6	4	9
1	7	6	9	4	8	5	3	2
4	3	9	6	5	2	1	7	8
7	9	5	1	8	4	3	2	6
8	6	3	5	2	9	7	1	4
2	4	1	7	3	6	8	9	5
3	1	8	2	9	5	4	6	7
9	5	7	4	6	3	2	8	1
6	2	4	8	1	7	9	5	3

练习48答案

8	2	6	3	9	7	1	5	4
5	1	3	8	4	6	2	7	9
7	4	9	2	5	1	6	3	8
6	5	2	4	7	9	3	8	1
1	3	7	5	2	8	9	4	6
4	9	8	1	6	3	5	2	7
2	6	5	9	8	4	7	1	3
9	8	1	7	3	5	4	6	2
3	7	4	6	1	2	8	9	5

练习49答案

2	8	6	9	3	4	7	1	5
5	7	3	1	8	6	4	9	2
1	4	9	2	7	5	8	6	3
8	5	4	3	6	2	9	7	1
9	1	7	5	4	8	3	2	6
3	6	2	7	9	1	5	8	4
7	2	1	8	5	3	6	4	9
4	3	8	6	1	9	2	5	7
6	9	5	4	2	7	1	3	8

练习50答案